EL COMITÉ DE DERECHOS HUMANOS DE LA ONU:

La admisión de los casos decididos por otros órganos internacionales

Carlos Ayala Corao

Profesor de Derecho Constitucional y de Derechos Humanos
Miembro de la Comisión Internacional de Juristas

EL COMITÉ DE DERECHOS HUMANOS DE LA ONU:

La admisión de los casos decididos por otros órganos internacionales

COLECCION ESTUDIOS JURÍDICOS
N° 106

Editorial Jurídica Venezolana
Caracas, 2014

© Carlos Ayala Corao
e-mail: cayala@cjlegal.net

ISBN 978-980-365-276-0
Depósito Legal 54020143403611

Edición por: Editorial Jurídica Venezolana
Av. Francisco Solano, Torre Oasis, Local 4, P.B., Local 4, Sabana Grande,
Apartado Postal 17.598, Caracas 1015-A, Venezuela
Teléfonos: 762.2553/762.3842 - Fax: 763.5239
Email fejv@cantv.net
http://www.editorialjuridicavenezolana.com.ve

Impreso por: Lightning Source, an INGRAM Content company
para Editorial Jurídica Venezolana International Inc.
Panamá, República de Panamá.
Email: editorialjuridicainternational@gmail.com

Diagramación, composición y montaje por: Mirna Pinto de Naranjo,
en letra Times New Roman 12, Interlineado 13, mancha 18x11,5

A Pedro Nikken,
amigo en las buenas y sobre todo en las malas,
maestro, juez internacional y jurista siempre,
como gesto de mi sincero agradecimiento

ABREVIATURAS

CADH:	Convención Americana sobre Derechos Humanos
CADHP:	Carta Africana sobre Derechos Humanos y de los Pueblos
CDH:	Comité de Derechos Humanos
CIDH:	Comisión Interamericana de Derechos Humanos
Comisión ADHP:	Comisión Africana de los Derechos Humanos y de los Pueblos
Corte IDH:	Corte Interamericana de Derechos Humanos
CVDT:	Convención de Viena sobre el Derecho de los Tratados
Declaración Americana:	Declaración Americana de los Derechos y Deberes del Hombre
IFE:	Instituto Federal Electoral (México)
OEA:	Organización de Estados Americanos
ONU:	Organización de las Naciones Unidas
PDESC:	Pacto Internacional de Derechos Económicos, Sociales y Culturales

PF-PIDCP:	Protocolo Facultativo del Pacto Internacional de Derechos Civiles y Políticos
PIDCP:	Pacto Internacional de Derechos Civiles y Políticos
TEDH:	Tribunal o Corte Europea de Derechos Humanos
TEPJF:	Tribunal Electoral del Poder Judicial Federal (México)

INTRODUCCIÓN

La internacionalización de los derechos ha permitido configurar desde el punto de vista sustantivo a los derechos humanos como atributos de toda persona humana que generan obligaciones de los Estados de respeto y garantía; y desde el punto de vista procesal, en la obligación de protección y reparación integral en el orden interno que en caso de no ser oportuna y efectiva, abre paso a los mecanismos de protección internacional de los derechos humanos. Esta *internacionalización de los derechos* se ha desarrollado tanto en los ámbitos regionales europeo, americano y africano, como en el universal de las Naciones Unidas. Así, en 1948 la Declaración Americana de los Derechos y Deberes del Hombre[1] ("Declaración Americana") es seguida a los pocos meses por la Declaración Universal de los Derechos Humanos.[2] Posteriormente, surgen los instrumentos convencionales o tratados sobre derechos humanos. Así, en el ámbito europeo se adoptó en 1950 el Convenio Europeo para la Protección de los Derechos Humanos y Libertades Fundamentales.[3] Entre

---

[1]   Organización de Estados Americanos, *Declaración Americana de los Derechos y Deberes del Hombre*, aprobada en los primeros días del mes de junio de 1948 en la Novena Conferencia Internacional Americana celebrada en Bogotá en 1948. En, www.cidh.org

[2]   Organización de Naciones Unidas, *Declaración Universal de los Derechos Humanos*, aprobada por la Asamblea General de la Organización de las Naciones Unidas, el 10 de diciembre de 1948. En, www.unhchr.org

[3]   Consejo de Europa, *Convenio Europeo para la Protección de los Derechos Humanos y Libertades Fundamentales*, adoptado en el seno del Consejo de Europa, hecho y abierto a la firma en Roma, el 4 de noviembre de 1950, entró en

los propósitos de la Carta de la Organización de las Naciones Unidas ("ONU") se incluyó expresamente, el "respeto a los *derechos humanos y a las libertades fundamentales* de todos, sin hacer distinción por motivos de raza, sexo, idioma o religión"[4] (cursivas añadidas). En ese ámbito universal se adoptaron en 1966 dos tratados iniciales fundamentales: el Pacto Internacional de Derechos Civiles y Políticos[5] ("Pacto Internacional" o "PIDCP") y el Pacto Internacional de Derechos Económicos, Sociales y Culturales ("PDESC").[6] Tres años más tarde, se suscribe en el ámbito americano la Convención Americana sobre Derechos Humanos[7] ("CADH"); y posteriormente, en el ámbito regional africano se adopta en 1981 la Carta Africana sobre Derechos Humanos y de los Pueblos ("CADHP").[8]

---

vigencia en 1953. Ha sido modificado y complementado en varias ocasiones a través de la adopción de protocolos adicionales. En, www.echr.coe.int

[4] Organización de Naciones Unidas, *Carta de las Naciones Unidas*, 1945, artículo 1.3. En, www.un.org

[5] Organización de Naciones Unidas, *Pacto Internacional de Derechos Civiles y Políticos*, adoptado y abierto a la firma, ratificación y adhesión por la Asamblea General en su resolución 2200 A (XXI), de 16 de diciembre de 1966, entró en vigencia el 23 de marzo de 1976, de conformidad con el artículo 49. En, www.unhchr.org

[6] Organización de Naciones Unidas, *Pacto Internacional de Derechos Económicos, Sociales y Culturales*, adoptado y abierto a la firma, ratificación y adhesión por la Asamblea General en su resolución 2200 A (XXI), de 16 de diciembre de 1966, entró en vigencia el 3 de enero de 1976, de conformidad con el artículo 27. En, www.unhchr.org

[7] Organización de Estados Americanos, *Convención Americana sobre Derechos Humanos*, adoptada en San José, Costa Rica, en la Conferencia Especializada Interamericana sobre Derechos Humanos, del 7 al 22 de noviembre de 1969, entró en vigencia el 18 de julio de 1978, conforme al Artículo 74.2 de la Convención. En, www.cidh.org

[8] Organización de Estados Africanos, *Carta Africana sobre Derechos Humanos y de los Pueblos*, aprobada el 27 de julio de 1981, durante la XVIII Asamblea de Jefes de Estado y Gobierno de la Organización de la Unidad Africana, reunida en Nairobi, Kenya, entró en vigencia el 21 de octubre de 1986. En, www.achpr.org

Este movimiento jurídico internacional de espiral creciente de los derechos humanos, ha permitido la consolidación de la persona humana como sujeto titular de los derechos reconocidos en los instrumentos internacionales, con la legitimación procesal de un verdadero sujeto de derecho internacional para reclamarlos frente al Estado en las jurisdicciones internacionales competentes.

La aparición de los tratados y convenciones sobre derechos humanos han así permitido, en primer lugar, la configuración de verdaderas obligaciones jurídicas internacionales de los Estados, de respeto y garantía de los derechos reconocidos. Se trata por tanto de una nueva dimensión del Derecho internacional, donde las obligaciones asumidas no son propiamente para que surtan efecto entre los Estados partes, sino para con todas las personas bajo su jurisdicción, con independencia de su nacionalidad.[9] De allí que el presupuesto jurídico de estos tratados internacionales, es que los Estados garanticen a todas las personas bajo su jurisdicción el respeto, la garantía y la protección de los derechos reconocidos en aquéllos. Lógicamente que en esta obligación de protección, tiene un rol fundamental la garantía de la tutela judicial efectiva en el derecho interno, por ante tribunales independientes e imparciales, mediante un debido proceso.

En segundo lugar, el derecho internacional de los derechos humanos va a permitir a los individuos reclamarle a los Estados el incumplimiento de sus obligaciones internacionales, ante jurisdicciones internacionales: judiciales y órganos cuasi-judiciales.

En ese sentido, los tratados de derechos humanos son unos "instrumentos constitucionales de orden público",[10] que gozan de la doble naturaleza de incluir normas sobre derechos de las personas con las correspondientes obligaciones jurídicas dirigidas a los Estados; así como, normas sobre los procedimientos y los órganos para su protección internacional. Así, en cuanto a los órganos de protección

---

[9] Lógicamente, esta universalidad tiene su excepción aunque parcial, en los derechos políticos.

[10] Corte Europea de Derechos Humanos (TEDH), *Loizidou v. Turkey,* 23 de marzo de 1995, Recurso N° 15318/1989, párr. 75.

internacional creados por tratados,[11] en el *ámbito europeo*, el Convenio Europeo para la Protección de los Derechos Humanos y Libertades Fundamentales, además de reconocer los derechos y las obligaciones internacionales de respeto, garantía y protección de los Estados; en una segunda parte, creó en su momento, los órganos de protección internacional: la Comisión Europea de Derechos Humanos y el Tribunal Europeo de Derechos Humanos.

A finales de los años cincuenta estos órganos europeos comenzaron a funcionar activamente en su sede en la ciudad de Estrasburgo (Francia), protegiendo a las personas frente a las violaciones a sus derechos humanos por los Estados europeos Partes (que no hayan sido reparadas en sus sistemas internos). Los sucesivos protocolos han ido introduciendo cambios continuos, aumentando los derechos protegidos, incorporando a las personas jurídicas como sujetos de protección, legitimando a las personas naturales para accionar directamente ante el Tribunal Europeo, y en 1998, para fusionar la Comisión y el Tribunal en un Tribunal o Corte Europea de Derechos Humanos ("TEDH"), ante la cual ahora pueden acudir directamente las personas, luego de agotar los recursos internos, sin tener que cumplir con el trámite previo ante la Comisión.[12]

En el *ámbito interamericano*, la evolución ha sido más lenta, casi a pasos por décadas. La Declaración Americana de 1948, pasó a cobrar vida con la creación en 1959 de la Comisión Interamericana de Derechos Humanos ("CIDH") mediante una resolución de la

---

[11] Ver lo expuesto en AYALA CORAO, Carlos: "*La Mundialización de los Derechos Humanos*", en *La Mundialización del Derecho,* Academia de Ciencias Políticas y Sociales, Caracas, 2009; y HÄBERLE, Peter y GARCÍA BELAUDE, Domingo (coords.), *El control del poder: Homenaje a Diego Valadéz,* UNAM, México, 2011, tomo I, pp. 59-85.

[12] Consejo de Europa, *Protocolo Nº 11* al Convenio Europeo para la Protección de los Derechos Humanos y Libertades Fundamentales, entró en vigencia el 1º de octubre de 1998. En, www.echr.coe.int

Reunión de Consulta de Ministros de Relaciones Exteriores celebrada en Santiago de Chile.[13]

A esta Comisión, integrada por siete miembros expertos independientes, le fue encomendada la tarea inicial de llevar a cabo estudios y recomendaciones a los Estados, para promover los derechos humanos reconocidos en la Declaración Americana. Pero prontamente la Comisión comenzó a llevar a cabo visitas de verificación a los países (visitas *in loco*), y a elaborar informes sobre la situación de los derechos humanos en los países, formulándoles recomendaciones; y lo que es más interesante -sin tener facultades expresas para ello-, comenzó a tramitar casos presentados por individuos y al encontrar una violación, procedió a formularle a los Estados las recomendaciones reparatorias correspondientes.

Más tarde, los Estados reconocieron expresamente esta facultad de la CIDH en su Estatuto de 1965;[14] y en la reforma a la Carta de la Organización de Estados Americanos ("OEA") en 1967 obtuvo el estatus de "órgano principal" de la Organización.[15] Sin embargo, no viene a ser sino en 1969 cuando los Estados Americanos, con algunas excepciones, suscriben en San José de Costa Rica la CADH.

---

[13] Declaración de la Quinta Reunión de Consulta, Santiago de Chile, 12 al 18 de agosto de 1959, Acta Final, Documento OEA/Ser. C/II.5, pp. 4-6. En, www.cidh.org

[14] Organización de Estados Americanos, Segunda Conferencia Interamericana Extraordinaria celebrada en Río de Janeiro, Brasil, en Noviembre de 1965. Ver texto completo en el Acta Final de la Segunda Conferencia, Documentos Oficiales OEA/Ser.C/I. 13, 1965, pp. 33 y 35. En, www.oea.org

[15] La CIDH se constituyó en un órgano principal de la OEA con la reforma del entonces artículo 51 de la Carta de la Organización bajo el Protocolo de Buenos Aires adoptado en 1967. La reforma de la Carta, que entró en vigencia en 1970, hace referencia a la Comisión en los actuales artículos 53, 106 y 145. El primero de esos artículos indica que la OEA realiza sus fines, entre otros, por medio de la Comisión Interamericana de Derechos Humanos. El artículo 106 específicamente hace referencia a la Comisión Interamericana de Derechos Humanos asignándole la función principal de "promover la observancia y la defensa de los derechos humanos y servir como órgano consultivo de la Organización en esta materia". Por su parte, el artículo 150 asigna a la Comisión la función de "velar por la observancia de tales derechos" hasta la entrada en vigor de la Convención Americana sobre Derechos Humanos. En, www.oea.org

Este tratado, elaborado bajo la inspiración general del modelo europeo, aunque con algunas diferencias y avances importantes, contiene igualmente un capítulo sobre los derechos humanos reconocidos y las correspondientes obligaciones internacionales de los Estados; y otro capítulo sobre los dos órganos de protección internacional: la CIDH y la Corte Interamericana de Derechos Humanos ("Corte IDH").

La CADH no entró en vigencia sino hasta 1978, y al año siguiente la Corte IDH se instaló en San José de Costa Rica.[16] Así mismo, con la CADH, la CIDH pasó a tener una sólida base jurídica de derecho convencional internacional. Pero aun antes de ello, en la década de los setenta, la Comisión había consolidado su importancia hemisférica en la lucha contra las graves violaciones sistemáticas a los derechos humanos, particularmente por las dictaduras en países del cono sur y Centroamérica. Durante estos años, precisamente los mecanismos de las visitas *in loco* y los informes de países, probaron ser el medio idóneo para lidiar frente a esas violaciones graves, masivas y sistemáticas a los derechos humanos.[17]

Por su parte, en el *ámbito africano*, un tercer sistema internacional regional de derechos humanos se ha venido desarrollando, con la adopción en 1981 de la CADHP, que entró en vigencia en 1987. Este instrumento igualmente, a la par de reconocer derechos de los pueblos y de las personas, y las obligaciones internacionales correspondientes a los Estados Partes, creó la Comisión Africana de los Derechos Humanos y de los Pueblos ("Comisión ADHP") ya con 18 años de funcionamiento. Tras adoptarse en 1998 el Protocolo de la Carta Africana de Derechos de Derechos Humanos y de los

---

[16] Los Estados partes de la Convención Americana sobre Derechos Humanos (CADH) eligieron a los primeros siete jueces de la Corte IDH (Corte) durante el séptimo período extraordinario de sesiones de la Asamblea General de la OEA, celebrado en mayo de 1979. La Corte fue instalada oficialmente en su sede en San José, Costa Rica, el 3 de septiembre de 1979. Las decisiones y el trabajo de la Corte puede ser consultado en: www.corteidh.or.cr.

[17] Ver estos informes y las actuaciones de la CIDH en su portal digital: www.cidh.org.

Pueblos[18], se creó el Tribunal Africano de los Derechos Humanos y de los Pueblos y tras elegirse sus jueces en el año 2006, al año siguiente ésta se instaló en la ciudad de Arusha en Tanzania, al pie del fabuloso Kilimanjaro.[19]

Por último, en cuanto a los órganos de protección internacional de los derechos humanos creados por tratados, en el ámbito de la ONU, a partir de 1966 se han venido creando un sistema convencional de protección de las personas humanas, con el PIDCP y su correspondiente Protocolo Facultativo[20] ("Protocolo Facultativo" o "PF-PIDCP") el cual otorga a los individuos el derecho a dirigir peticiones (comunicaciones) contra los Estados Partes ante el Comité de Derechos Humanos ("Comité" o "CDH") integrado por expertos independientes. En 1966 se adoptó el PDESC, y hoy en día igualmente un Protocolo Facultativo[21] que permite el accionar internacional de los individuos.

Estos órganos de protección internacional de los derechos de las personas así como el *corpus iuris* de los tratados de derechos humanos de la ONU, han venido expandiéndose significativamente, desa-

---

[18] Comisión Africana de los Derechos Humanos y de los Pueblos, Protocolo de la Carta Africana de Derechos Humanos y de los Pueblos, adoptado el 10 de junio de 1998, entró en vigencia el 25 de enero de 2004. En, http://www.achpr.org

[19] Sobre el sistema africano, ver: East Africa Law Society, *Digest on Human Rights and Access to Justice*, Nairobi, Kenya. 2007; G. W. KANYEIHAMBA, *"The African Court on Human and People´s Rights and the violators of Human Rights in Africa"* en The East Africa Lawyer, N° 13, September, 2007.

[20] Organización de Naciones Unidas, *Protocolo Facultativo* del Pacto Internacional de Derechos Civiles, adoptado por la Asamblea General de la Organización de las Naciones Unidas el 16 de diciembre de 1966, entró en vigencia el 23 de marzo de 1976, de conformidad con el artículo 9. En, www.unhchr.org

[21] Organización de Naciones Unidas, *Protocolo Facultativo* del Pacto Internacional de Derechos Económicos, Sociales y Culturales, adoptado por la Asamblea General de la Organización de las Naciones Unidas el 10 de diciembre de 2008, Resolución A/RES/63/117, y abierto a votación el 24 de septiembre de 2009, Este protocolo Facultativo entró en vigor el 5 de mayo de 2013 luego de la ratificación requerida por el décimo Estado. En, www.unhchr.org

rrollando órganos convencionales especializados *cuasi judiciales*. Nos referimos en particular a la Convención contra la Tortura y otros Tratos o Penas Crueles, Inhumanas o Degradantes; la Convención sobre la Eliminación de todas las Formas de Discriminación Racial; la Convención sobre la Eliminación de todas las Formas de Discriminación contra la Mujer; y la Convención sobre los Derechos del Niño.[22] Aparte de los cinco Comités independientes correspondientes a los tratados mencionados, existen otros cuatro órganos con competencia para supervisar a los Estados en la implementación de los respectivos derechos. Nos referimos al Comité de Derechos Económicos, Sociales y Culturales; el Comité para la Protección de los Derechos de todos los Trabajadores Migratorios y de sus Familiares; y al Comité sobre los Derechos de las Personas con Discapacidad, en proceso de creación e instalación.

Es importante constatar, que todos los Estados miembros de la ONU han ratificado al menos uno de los principales tratados sobre derechos humanos, y el 80 por ciento de aquéllos ha ratificado cuatro o más tratados. De esta forma, los Estados han venido a formar parte delos nueve principales tratados independientes, interrelacionados y mutuamente complementarios, para hacer cumplir los derechos humanos.[23]

Esta doble expansión del derecho internacional de los derechos humanos a través de un sistema universal y tres sistemas regionales, ha permitido un desarrollo mundial de los derechos como espejos que se reflejan y se fortalecen mutuamente.

Esas convenciones y el avance del derecho internacional han permitido que derechos como la prohibición de la tortura y la prohibición de toda forma de discriminación racial, hayan incluso adquirido hoy en día el estatus de normas de orden público o *ius cogens*.

---

[22] El texto de todos estos tratados puede ser consultado, entre otras publicaciones, en: NIKKEN, Pedro: *Código de Derechos Humanos*, Caracas, 2007; y en el portal de derechos humanos de la ONU: http://www.ohchr. org/SP/Professional Interest/Pages/InternationalLaw.aspx.

[23] Ver, AYALA CORAO, Carlos: *La Mundialización de los Derechos Humanos, op. cit.*, p. 104.

En adición a lo anterior, la entonces Comisión de Derechos Humanos de las Naciones Unidas hoy en día el Consejo de Derechos Humanos, ha desarrollado desde finales de los años cuarenta hasta nuestros días, todo un sistema *no convencional* de órganos de promoción y protección internacional de los derechos humanos, a través de los *procedimientos especiales* consistentes en una estructura variada de expertos independientes, Grupos de Trabajo y Relatores, entre otros.[24]

I. LAS REGLAS DE ADMISIÓN DE CASOS POR EL COMITÉ DE DERECHOS HUMANOS

El Comité de Derechos Humanos del PIDCP conforme a su Protocolo Facultativo, es uno de los órganos convencionales[25] de protección internacional de los derechos humanos del sistema universal (ONU), ante el cual pueden accionar las personas que no hayan sido protegidas de manera oportuna y efectiva por los Estados partes, para lograr la protección de los derechos humanos reconocidos en dicho instrumento.

La mayoría de las reglas de admisión de las comunicaciones individuales o quejas ante el Comité, son en general comunes a las exigidas para los demás órganos de protección internacional con-

---

[24]   Ver, VILLÁN DURÁN, Carlos: *Curso de Derecho Internacional de los Derechos Humanos,* Editorial Trotta, Madrid, 2002; IIDH, "El Sistema Universal de Protección de los Derechos Humanos" en *Memoria del Curso Interdisciplinario de Alta Formación en Derechos Humanos,* Programa de Fortalecimiento Institucional de Organismos Públicos de Derechos Humanos, México, 2006; y VILLÁN DURÁN, Carlos: *Venezuela ante el sistema de las Naciones Unidas para la Protección de los Derechos Humanos*, Taller de formación para abogadas litigantes ante el sistema universal de protección de derechos humanos, Instituto Interamericano de Derechos Humanos-COFAVIC, Caracas, 16-17 de noviembre de 2010; y sitio web de la Oficinal del Alto Comisionado de Derechos Humanos de las Naciones Unidas. En, http://www.ohchr.org/SP/Pages/WelcomePage.aspx.

[25]   Por órganos "convencionales" nos referimos a aquellos creados por tratados internacionales e instrumentos equivalentes, y no por otras fuentes del derecho internacional como son las resoluciones de la Asamblea General de la ONU y los demás organismos.

vencionales tanto a nivel universal como regional, entre ellas, el previo agotamiento de los recursos internos conforme a las excepciones previstas y la prohibición de la litispendencia simultánea ante otros órganos de protección internacional. Conforme al artículo 5.2.a) del PF-PIDCP, ésta última regla consiste en la imposibilidad de iniciar un segundo trámite de protección internacional convencional de un caso idéntico al que está aun pendiente ante otro órgano internacional equivalente. En otras palabras, un mismo caso que ha sido presentado en otro órgano internacional (convencional) no puede ser admitido por el Comité mientras esté siendo examinado por aquél.

No obstante, la regla de admisión de comunicaciones individuales o quejas ante el Comité difiere de las reglas generales que rigen a la mayoría de los demás órganos convencionales de protección internacional en lo que se refiere a la admisión de los casos que ya han sido previamente decididos por otros órganos internacionales. En efecto, de conformidad con el artículo 5.2.a) del PF-PIDCP uniformemente interpretado, el hecho de que un caso *haya sido examinado (decidido)* previamente por otro órgano de protección, investigación o arreglo internacionales, no es óbice para que el Comité pueda admitirlo para su examen y decisión de fondo.

En esos casos, la la decisión del primer órgano internacional no es ante el Comité una cosa juzgada como tal oponible y por tanto en ausencia de una prohibición expresa, resulta admisible que el mismo asunto sea examinado de nuevo pero con base en otro instrumento internacional: el PIDCP). No se trata por tanto de una cosa juzgada internacional oponible ante el Comité –ya que se trata de otro instrumento internacional-, ni tampoco de revisar en sí misma la decisión anterior que haya adoptado el otro órgano internacional, sino de permitir que los hechos de un asunto que haya sido decidido previamente puedan ser conocidos y examinados para su decisión por el CDH bajo el PIDCP. Por lo cual, esta competencia no consiste en el examen del contenido de lo anteriormente decidido por otro órgano internacional, ni mucho menos la decisión *per se*. La competencia del Comité en estos casos permite que el mismo asunto sea conocido por él, sin que pueda oponerse la existencia de una decisión previamente adoptada por otro órgano internacional competente. Por ello, si el asunto *está siendo examinado* –y por tanto aún no ha sido decidido- por otro órgano convencional de protección internacional, el Comité –al igual que los demás órganos convencionales de protección internacional- no puede admitirlo para su examen. Esta última regla procesal es la conocida como la "excepción de litispendencia" incluida en la regla de "no duplicación" paralela o simultánea de procedimientos de protección internacional.[26]

La regla especial de admisión de las comunicaciones individuales por el Comité, cuando el mismo asunto (caso) ya ha sido examinado por otro órgano de protección internacional de los derechos humanos, tiene interés práctico particular en las dos situaciones siguientes: (i) cuando el primer órgano internacional ha declarado *inadmisible* la queja y en consecuencia no procederá a analizar los méritos del caso; y (ii) cuando el primer órgano internacional ha declarado *improcedente* la queja en cuanto al fondo (mérito), ya sea total o parcialmente.

Aparte de lo establecido sobre el particular en el PF-PIDCP, únicamente encontramos una disposición similar en la Convención Internacional para la Protección de Todas las Personas contra las Desapariciones Forzadas, la cual establece en su artículo 31.2.c), conforme a la cual el Comité contra la Desaparición Forzada considerará inadmisible una comunicación individual, -únicamente- cuando "[l]a misma cuestión *está siendo examinada* con arreglo a otro procedimiento de examen o arreglo de la misma naturaleza"[27] (cursivas añadidas).

---

[26] *Vgr.*, *Reglamento de la Comisión Interamericana de Derechos Humanos*, aprobado por la Corte en su XLIX Período Ordinario de Sesiones, celebrado del 16 al 25 de noviembre de 2001 y reformado parcialmente por la Corte en su LXXXII Período Ordinario de Sesiones, celebrado del 19 al 31 de enero de 2009. Disponible en: http://www.cidh.org/Basicos/Basicos10.htm

El artículo 33 (Duplicación de procedimientos) de este Reglamento dispone, que la Comisión no considerará una petición si la materia contenida en ella: "[…] a) se encuentra pendiente de otro procedimiento de arreglo ante un organismo internacional gubernamental de que sea parte el Estado en cuestión; […]". Disponible en: http://www.cidh.org/Basicos/Basicos10.htm

[27] *Convención Internacional para la Protección de Todas las Personas contra las Desapariciones Forzadas*. Disponible en: http://www2.ohchr.org/ spanish/law/disappearance-convention.htm

Por lo demás, la disposición o regla expresa aplicable a casi todos los demás órganos de protección convencional internacional de derechos humanos, es la exclusión de la admisión de un caso que ya haya sido decidido (examinado) por otro órgano o mecanismo internacional equivalente. En otras palabras, los demás órganos, salvo la excepción que veremos, tienen por regla la no admisión de casos ya decididos por los demás órganos de protección convencional internacional. Sin embargo, como veremos en este trabajo, el hecho de que un asunto esté siendo examinado o haya sido examinado por un órgano de protección internacional *no convencional*, no presenta obstáculo alguno para que los órganos convencionales –como el CDH- admita el mismo asunto para su examen, ya sea de manera simultánea, anterior o posterior, ya que se trata de dos regímenes jurídicos distintos.

II. EL ALCANCE DE LA COSA JUZGADA INTERNACIONAL

La cosa juzgada o *res iudicata* es una institución normalmente reservada a las sentencias como actos dictados por los tribunales. La cosa juzgada es así una institución procesal que consiste en "la autoridad y eficacia que adquiere la sentencia judicial cuando no proceden contra ella recursos ni otros medios de impugnación, y cuyos atributos son la coercibilidad, la inmutabilidad y la irreversibilidad en otro proceso posterior."[28]

Los tribunales internacionales regionales de derechos humanos como son el interamericano, el europeo y el africano deciden los asuntos planteados normalmente mediante sentencias, las cuales causan en su ámbito de jurisdicción el efecto de *cosa juzgada* respecto al Estado parte y las víctimas del proceso, y el efecto de "norma interpretada" respecto a todos los demás Estados partes del tratado sujetos a su jurisdicción. Ello obliga por tanto al Estado parte condenado a cumplir con el fallo internacional en los términos dispuestos (*res iudicata*); y a todos los demás Estados partes a cola-

---

[28] COUTURE, Eduardo J: Voz "Cosa Juzgada", En *Vocabulario Jurídico, Español y Latín, con Traducción de Vocablos al Francés, Italiano, Portugués, Inglés y Alemán.* 4ta. ed., corregida, actualizada y ampliada por Ángel Landoni Sosa, Julio César Faira-Editor, Montevideo, 2010, pp. 211 y 212.

borar con el logro de dicho fin y a aplicar el tratado de derechos humanos en los términos interpretados auténticamente por el tribunal internacional (*stare decisis*).

En general, para que una cosa juzgada pueda ser opuesta como tal ante otra jurisdicción, requiere que el juzgamiento se refiera *al mismo ordenamiento jurídico,* es decir, al mismo instrumento jurídico. Por lo cual, la cosa juzgada en un ordenamiento de derecho interno no es oponible como tal en otro ordenamiento interno (salvo acuerdo internacional o regulación expresa en contrario), ni mucho menos en un ordenamiento jurídico internacional competente, especialmente cuando aquella ha sido obtenida en fraude al debido proceso. Por lo mismo, tampoco la cosa juzgada en un determinado ordenamiento jurídico internacional es oponible como tal ante otro ordenamiento jurídico distinto de derecho internacional; por lo que aunque las partes sean las mismas, si el instrumento jurídico –y por ende el órgano- no es el mismo, la misma no resulta "oponible" ante ese otro ordenamiento. Diferente asunto son los posibles efectos reflejos o indirectos de la cosa juzgada de otro ordenamiento o la deferencia que le brindan otras jurisdicciones a lo decidido en un ámbito internacional extraño, otorgándole diversos tipos de valor sustantivo o probatorio. En conclusión, para que pueda hacerse valer la cosa juzgada internacional como tal ante otro órgano convencional de protección internacional, debe existir una identidad entre las partes, los hechos, lo decidido y sobre todo el instrumento jurídico aplicado.

Si bien las decisiones de un órgano cuasi-judicial como la CIDH no emanan de un "tribunal" y por tanto no son "sentencias", el respeto a la *res iudicata* igualmente opera en el ámbito de su jurisdicción respecto a las partes (Estado y víctima) siempre y cuando el informe de fondo no haya sido sometido a la Corte IDH, ya que en ese caso la decisión definitiva será el fallo de dicho tribunal. Pero los informes de la CIDH al igual que las sentencias de la Corte IDH gozan de los efectos de cosa juzgada respecto a los Estados del sistema interamericano y ante sus órganos, para que el mismo asunto que ha sido decidido con identidad de las mismas partes, los hechos y el derecho, no pueda volver a ser sometido ante aquéllos. Pero esta fuerza de cosa juzgada interamericana no puede oponerse sin más ante otras jurisdicciones internacionales cuya competencia se rige y se refiere a la aplicación de otros instrumentos distintos a los interamericanos –aunque su contenido pueda ser similar. En esos casos, en ausencia de una prohibición expresa, el mismo asunto examinado de manera definitiva por un órgano del sistema interamericano, puede ser examinado de nuevo por el otro órgano convencional internacional.

El principio es por tanto, la admisión al examen por un órgano convencional de protección internacional de los asuntos que hayan sido decididos por otro órgano internacional conforme a un instrumento jurídico internacional diferente, por no configurar propiamente dicho una cosa juzgada oponible ante ese otro órgano. No obstante, como vemos en el presente trabajo, -salvo excepciones- los instrumentos que regulan la competencia y las reglas de admisión de los casos, disponen expresamente la no admisión de los asuntos idénticos decididos previamente por otros órganos internacionales –aunque lo hayan sido con base en otro instrumento jurídico-. Ello ha sido una opción acordada expresamente por los Estados partes de dichos instrumentos, seguramente motivada en razones parecidas, aunque no iguales, a la cosa juzgada (deferencia a lo decidido en el mismo asunto por otros órganos internacionales equivalentes, evitar decisiones potencialmente o aparentemente contradictorias, economía procesal y litigio ilimitado). No obstante esta excepción –como hemos insistido- para ser tal debe contar con una norma expresa, pues de lo contrario se aplica el principio general de "inoponibilidad" de la cosa juzgada obtenida conforme a otro instrumento o régimen jurídico distinto.

En este sentido, como lo ha expresado Ferrer Mac-Gregor respecto al efecto de cosa juzgada de las sentencias de la Corte IDH como sentencias internacionales en el ámbito interamericano,

> 30. […] Esta institución descansa en los principios generales del derecho de seguridad jurídica y de paz social, al permitir certeza a las partes -y a la sociedad en su conjunto-, al evitar que el conflicto se prolongue indefinidamente, elementos contenidos en los artículos 67 y 68 del Pacto de San José para coadyuvar al establecimiento de un orden público interamericano.[29]

---

[29] Ver, Voto Razonado del juez Ferrer Mac-Gregor a la Resolución de la Corte Interamericana de Derechos Humanos de 20 de marzo de 2013, relativa a la

En efecto, como veremos, las regulaciones de lo decidido en su ámbito original son objeto de distinto tratamiento por los instrumentos que regulan los procedimientos convencionales de protección internacional. En este sentido, los instrumentos relativos a los órganos regionales y universales de protección de los derechos humanos prohíben en general la admisión de un mismo asunto que ya haya sido examinado por otro procedimiento convencional de protección. Sin embargo, el PF-PIDCyP no prohíbe el examen de los casos que hayan sido examinados por otros procedimientos de protección internacional, como son entre otros los órganos regionales. De esta manera, en virtud de la ausencia de prohibición expresa por el PF-PIDCP, un caso que haya sido objeto de una sentencia de la Corte IDH o un informe de la CIDH, ya sea que lo hayan declarado inadmisible o que hayan decidido total o parcialmente improcedente en la denuncia de violación de la CADH, si bien no puede ser planteado de nuevo ante el Sistema Interamericano con base en los mismos elementos juzgados (a menos de que éstos cambien), sí podría ser planteado ante el Comité. Es decir, una vez examinado el asunto por la CIDH y en su caso por la Corte IDH , el mismo puede ser planteado ante el Comité, no para que "revise" lo decidido por los órganos del sistema interamericano respecto a la CADH, sino para que examine el asunto y adopte una decisión con base en el PIDCP.

De otra manera, cuando los instrumentos que regulan la competencia y las reglas procesales de un órgano convencional de protección internacional prohíben expresamente que éste pueda examinar un caso que ya ha sido examinado por otro órgano equivalente, aunque esa decisión no sería oponible como cosa juzgada por los motivos antes expuestos, en la práctica se está permitiendo que tenga unos efectos parcialmente equivalentes: que lo ya decidido por el otro órgano internacional permanezca inmutable en sentido material o sustantivo, ya que se torna en definitivo y por tanto queda vedado un nuevo examen del mismo asunto.

---

supervisión de cumplimiento de la sentencia en el Caso *Gelman vs. Uruguay*. La resolución puede consultarse en: http://www. corteidh.or.cr/docs/supervisiones/ gelman_20_03_13.doc. Corte IDH. Caso *Gelman vs. Uruguay. Fondo y Reparaciones*. Sentencia de 22 de febrero de 2011. Serie C, N° 221. Disponible en: http://www. corteidh.or.cr/docs/casos/articulos/seriec_221_esp1.doc

En todo caso, en los supuestos en que es permitido el nuevo examen de un asunto ya decidido, además de las razones antes expuestas, tampoco podría hablarse del desconocimiento del carácter de cosa juzgada procesal o adjetiva propiamente dicha respecto a la primera decisión, ya que en el CDH nunca revisará la decisión en sí del otro órgano, sino que conocerá de nuevo de los mismos hechos, sin tomar en cuenta lo anteriormente decidido formalmente conforme a otro instrumento jurídico. De esta manera, si bien el CDH no tiene, como hemos dicho, competencia para "revisar" la decisión de otros órganos de protección convencional internacional de derechos humanos, sí tiene competencia para conocer el mismo caso o asunto una vez que ha sido examinado y proceder a decidirlo -incluso de manera diferente. Ello significa que los mismos hechos y si es el caso, los mismos derechos ya examinados por el primer órgano conforme al otro estatuto jurídico propio del órgano internacional, podrán ser posteriormente examinados por el CDH bajo el PIDCP y llegar a sus propias conclusiones autónomas, las cuales podrán coincidir o bien ser diferentes.

Es por ello, que la posibilidad de admitir y examinar los asuntos que hayan sido decididos mediante sentencias u otros actos por los órganos regionales de derechos humanos, incluidos sus tribunales, plantea un desafío de interés. No porque se trate de revisar las decisiones *per se* de dichos órganos, sino porque el hecho de que el asunto haya sido examinado y decidido por esos órganos, no impide que el Comité lo conozca posteriormente y pueda llegar una decisión propia bajo el PIDCP, aunque se trate en definitiva de los mismos derechos aunque ahora bajo un instrumento distinto.

No obstante como hemos visto, conforme a las reglas de admisión de las comunicaciones del Comité, si el mismo asunto fue presentado con anterioridad ante otro procedimiento de arreglo o examen internacionales y aún *está siendo examinado*, es decir no ha sido resuelto, sí aplica la regla de "no duplicación" o "litispendencia" prevista en el artículo 5.2.a) del PF-PIDCP interpretado de manera uniforme y desarrollado por el artículo 96.e) del Reglamento del CDH, el cual es equivalente a la regla procesal existente en todos los instrumentos que rigen a los órganos convencionales de protección internacional.[30] En estos casos la finalidad de tal prohibición de litispendencia simultánea seguramente está basada en evitar el abuso de jurisdicción conocido como el *"forum shopping"*, -así como en otras razones como la economía procesal y evitar decisiones eventualmente contradictorias.

Ello significa entonces, que el Comité no puede admitir una comunicación si "el mismo asunto" está siendo examinado por otro procedimiento de investigación o arreglo internacionales; pero sí podrá admitirla luego de que esa instancia haya completado su examen, a menos de que el Estado parte haya hecho una reserva expresa bajo el artículo 5.2.a) del PF-PIDCP para excluir la competencia del CDH en este supuesto y la haya invocado. En caso de que un Estado parte no haya formulado dicha reserva, la regla general es que el CDH podrá admitir una comunicación incluso si el mismo asunto ha sido ya examinado y decidido por otro procedimiento convencional de protección internacional de los derechos humanos.[31]

En todo caso, para que se pueda hablar del "mismo asunto", debe tener identidad de sujetos (víctima y Estado), el objeto (los ins-

---

[30] *Vgr.*, *Convención Americana Sobre Derechos Humanos*, Artículo 46.c); *Convenio Europeo de Derechos Humanos*, Artículo 35.2.b); *Carta Africana Sobre Los Derechos Humanos y De Los Pueblos* (Carta De Banjul), Artículo 56.7; *Convenio para la Protección de los Derechos Humanos y las Libertades Fundamentales*, Artículo 35.B; *Convención Contra La Tortura y otros Tratos o Penas Crueles, Inhumanas o Degradantes*, Artículo 22.5.a.; *Protocolo Facultativo de la Convención Sobre los Derechos de las Personas con Discapacidad*, Artículo 2.c.; *Protocolo Facultativo del Pacto Internacional de Derechos Económicos, Sociales y Culturales*, Artículo 3.2.c.; *Protocolo Facultativo de la Convención sobre la Eliminación de todas las Formas de Discriminación Contra la Mujer*, Artículo 4.2.a); *Tercer Protocolo Facultativo de la Convención sobre los Derechos del Niño Relativo a un Procedimiento de Comunicaciones*, Artículo 7.d.; *Convención Internacional sobre la Protección de los Derechos de los Trabajadores Migratorios y de sus Familias*, Artículo 77.3.a); y *la Convención Internacional para la Protección de todas las Personas contra las Desapariciones Forzadas*, Artículo 31.2.c).

[31] TH. MÖLLER, Jacob and de ZAYAS, Alfred*: United Nations Human Rights Committee Case Law 1977-2008*, N. P. Engel Publisher (2009), pp. 97 y 101.

trumentos y derechos reclamados) y la causa (los hechos). En este sentido Villán Durán sostiene que para que la regla se aplique, "deberá producirse una cuádruple identidad: del denunciante o la víctima, de los hechos denunciados, de los derechos que hayan sido lesionados, y de la naturaleza jurídica de las instancias internacionales que han entrado en colisión."[32] Por lo cual, en el caso de la litispendencia, si el asunto que *está siendo examinado* ante los otros procedimientos de arreglo internacional no contienen todos estos elementos de identidad, entonces el mismo sí será admisible ante el CDH; de lo contrario, deberá aguardar por una decisión, para que pueda ser planteado ante el CDH. Por lo tanto, el Comité no está impedido de considerar una comunicación a pesar de que el mismo asunto *esté siendo* considerado por otro procedimiento de investigación o arreglo internacionales, en los siguientes supuestos: (i) si el asunto fue sometido ante el otro procedimiento por un peticionario o una tercera persona no relacionada con el autor de la comunicación; (ii) si la víctima ante el otro procedimiento no coincide con la

---

[32] VILLÁN DURÁN, Carlos: *Curso de Derecho Internacional de los Derechos Humanos,* Editorial Trotta, Madrid, 2002; IIDH, "El Sistema Universal de Protección de los Derechos Humanos" en *Memoria del Curso Interdisciplinario de Alta Formación en Derechos Humanos*, Programa de Fortalecimiento Institucional de Organismos Públicos de Derechos Humanos, México, 2006, p. 190. El autor en la cita número 34 de pie de página, hace referencia a los siguientes casos: "Casos 744/1977 (*Linderholm vs. Croacia*); 808/1998 (*Rogl vs. Alemania*); y 834/1998 (*Kheler vs. Alemania*)"; y VILLÁN DURÁN, Carlos: *Venezuela ante el sistema de las Naciones Unidas para la Protección de los Derechos Humanos*, Taller de formación para abogados litigantes ante el sistema universal de protección de derechos humanos, Instituto Interamericano de Derechos Humanos-COFAVIC, Caracas, 16-17 de noviembre de 2010, p. 160. VILLÁN DURÁN en una obra más reciente sobre el tema, hace referencia a un caso reciente, en el cual "el Com.DH reiteró su jurisprudencia en relación a la expresión "el mismo asunto": debe entenderse "la misma reclamación relativa al mismo individuo, presentada por él mismo o por cualquier otra persona facultada para actuar en su nombre, ante el otro órgano internacional". En el caso, los autores eran distintos de otros grupos de padres que habían presentado una demanda ante el TEDH, y que prefirieron presentar su queja ante el Com.DH, por lo que nada impedía al Comité examinarla." En: *La R.B. de Venezuela ante El Sistema De Naciones Unidas Para La Protección De Los Derechos Humanos*, Asociación Española para el Derecho Internacional de los Derechos Humanos, Instituto Interamericano de Derechos Humanos y COFAVIC, Caracas, 2014, p. 70.

víctima (autor); (iii) si los hechos denunciados no son los mismos; y (iv) si el asunto presentado no fue registrado o si el caso ha sido retirado al momento en el que el CDH debe adoptar su decisión sobre la admisibilidad.[33]

La prohibición expresa de conocer y examinar un mismo asunto previamente decidido por otro órgano internacional contenida en la mayoría de los instrumentos internacionales, en todo caso tampoco se aplica cuando se trate del mismo asunto ante dos instancias internacionales de protección pero de distinta *naturaleza jurídica,* es decir, ante uno convencional y otro no convencional. En este sentido Villán Durán afirma que "es compatible presentar la misma queja primero ante un mecanismo extra-convencional de protección del actual Consejo de Derechos Humanos (grupos de trabajo y relatores especiales sobre ejecuciones sumarias, tortura, desapariciones, detención arbitraria, etc.) y, posteriormente -una vez agotados los recursos de la jurisdicción interna- acudir ante uno de los comités establecidos en tratados internacionales de derechos humanos, o ante una instancia judicial regional (europea, americana o africana)."[34] Ello supone, en otras palabras, que las decisiones adoptadas por los mecanismos especiales o no convencionales, no tienen la naturaleza de cosa juzgada ni por tanto se les aplican las reglas de no duplicación o de litispendencia.

En consecuencia, como lo expusimos al comienzo de este trabajo, la regla de admisión de las comunicaciones individuales por el Comité, cuando el mismo asunto (caso) ya ha sido examinado por otro órgano convencional de protección internacional de los derechos humanos, tiene interés práctico particular en las dos situaciones siguientes: (i) cuando el primer órgano internacional ha declarado *inadmisible* la queja y en consecuencia no procederá a analizar los méritos del caso; y (ii) cuando el primer órgano internacional ha

---

[33] YOGESH, Tyagi: *The UN Human Rights Committee*, Cambridge University Press (2011), p. 470. Este autor incluye dos supuestos: si el asunto no fue examinado en cuanto al fondo (méritos); o, si la consideración del asunto se ha prolongado irrazonablemente.

[34] VILLÁN DURÁN, Carlos: "Las quejas individuales ante el Comité de Derechos Humanos: competencia, admisibilidad y jurisprudencia", *loc. cit.*, p. 161.

declarado *improcedente* la queja en cuanto al fondo (mérito), ya sea total o parcialmente. En estos casos la víctima podrá ejercer su derecho a la tutela jurídica internacional o derecho de petición internacional ante el Comité, para solicitar el amparo a sus derechos bajo el PIDCP.

III. LA INADMISIBILIDAD POR LOS ÓRGANOS DE LOS SISTEMAS REGIONALES DE LOS CASOS DECIDIDOS POR OTROS ÓRGANOS INTERNACIONALES

Como hemos visto, la regla dispuesta expresamente en los instrumentos que rigen a la mayoría de los órganos convencionales de protección internacional de los derechos humanos es la inadmisión de los asuntos que hayan sido decididos previamente por otros órganos convencionales internacionales. En este sentido, si un mismo caso ya ha sido examinado por otro órgano de protección internacional convencional, el segundo órgano requerido no puede admitirlo. Esta regla expresa de inadmisibilidad –que en realidad una excepción a un principio general antes visto- es exigida tanto en los órganos de los sistemas regionales como en la mayoría de los órganos del sistema universal. Como hemos expuesto antes, de no existir esta prohibición expresa, no habría inconveniente a que esos mismos asuntos decididos pudieran ser planteados ante un segundo órgano internacional, ya que la cosa juzgada del primero al basarse en otra jurisdicción y otro instrumento internacional, no sería oponible. De manera que lo que sería un principio general de admisión en ausencia de prohibición expresa, se ha convertido en excepcional por virtud de las disposiciones contenidas en los instrumentos internacionales.

En primer lugar, haremos una breve referencia a las reglas establecidas en los tres sistemas regionales de protección internacional de derechos humanos actualmente existentes: el interamericano, el europeo y el africano.

1. *La Comisión y la Corte Interamericana de Derechos Humanos*

La CIDH, conforme a lo dispuesto en el artículo 47 de la CADH, debe declarar "inadmisible" toda petición o comunicación presentada, cuando:

d) sea sustancialmente la reproducción de petición o comunicación anterior *ya examinada* por la Comisión u otro organismo internacional [...]³⁵ (cursivas añadidas).

En este sentido, el Reglamento de la CIDH desarrolla esta norma en su artículo 33.1 ("Duplicación de procedimientos"), al disponer que ésta no considerará una petición si la materia contenida en ella:

b. reproduce sustancialmente otra petición pendiente o *ya examinada y resuelta* por la Comisión u otro organismo internacional gubernamental del que sea parte el Estado en cuestión [...]³⁶ (cursivas añadidas).

Aunque no se refiere a la cosa juzgada propiamente dicha, sino a la no duplicidad simultánea de procedimientos internacionales, siguiendo la regla general procesal que regula la admisión de casos en todos los órganos convencionales de protección de derechos humanos, la CADH establece que la CIDH tampoco puede admitir una petición o comunicación que está pendiente ante otro procedimiento internacional equivalente. En este sentido, de conformidad con el artículo 46 de CADH, para admitir una petición, la CIDH debe constatar:

[...] c) que la materia de la petición o comunicación no esté pendiente de otro procedimiento de arreglo internacional.³⁷

Esta norma convencional es reiterada en el texto del Reglamento de la CIDH, el cual dispone en su artículo 33 (Duplicación de procedimientos), que la Comisión no considerará una petición si la

---

³⁵ *Convención Americana sobre Derechos Humanos*, artículo 47.d.

³⁶ Reglamento de la Comisión Interamericana de Derechos Humanos, *cit.*

³⁷ *Convención Americana sobre Derechos Humanos*, *cit.*

materia contenida en ella: "[…] a) se encuentra pendiente de otro procedimiento de arreglo ante un organismo internacional gubernamental de que sea parte el Estado en cuestión; [...]".

Por lo cual, conforme a los artículos 46.c) y 47.d) de la CADH, la CIDH declarará inadmisible toda petición que sea sustancialmente la misma que se encuentra pendiente en otra instancia internacional o *que haya sido previamente estudiada por la Comisión o por otro organismo internacional.* Así por ejemplo, en el caso *Peter Blaine vs. Jamaica*, la CIDH declaró inadmisible la denuncia presentada a nombre del Sr. Blaine con respecto a los artículos 8 y 4 de la CADH, relativa a su derecho al debido proceso y por la aplicación de la pena de muerte, sobre la base de que eran "esencialmente duplicaciones de los aspectos considerados por el Comité de Derechos Humanos de la ONU."[38]

Ahora bien, respecto a la frase "sea sustancialmente la reproducción" utilizada por el artículo 47.d) de la CADH, la Corte IDH ha sostenido desde el caso *Baena Ricardo y otros vs. Panamá,* que la misma significa, que debe existir *identidad entre los casos,* para lo cual se requiere "la presencia de tres elementos, a saber: que las partes sean las mismas, que el objeto sea el mismo y que la base legal sea idéntica."[39] Este criterio fue reiterado posteriormente por

---

[38]   CIDH. Informe N° 96/98, Caso 11.827, *Peter Blaine vs. Jamaica*, del 17 de diciembre de 1998.

Disponible en: http://www.cidh.oas.org/annualrep/98span/Inadmisibilidad/Jamaica11.827.htm

[39]   Corte IDH. Caso *Baena Ricardo y otros vs. Panamá. Excepciones Preliminares.* Sentencia del 18 de noviembre del 1999. Serie C, N° 61, párr. 53. Disponible en: http://www.corteidh.or.cr/docs/casos/articulos/Seriec_61_esp.pdf. En los párrafos siguientes de esta sentencia, la Corte desarrolla los tres elementos de *identidad*: que las partes sean las mismas, que el objeto sea el mismo y que la base legal sea idéntica:

54. **En relación con el sujeto, la Corte ha señalado que "el concepto de 'personas' tiene que ver con los sujetos activos y pasivos de la violación, y principalmente con estos últimos, es decir, las víctimas".** (Caso *Durand y Ugarte, Excepciones Preliminares.* Sentencia de 28 de mayo de 1999. Serie C N° 50, párr. 43). En el presente caso, únicamente la parte demandada ante el Comité de Libertad Sindical de la OIT y la Corte es la misma, el Estado panameño. La

la Corte IDH en el caso *Comunidad Pueblo de Saramaka vs. Suriname*.[40] No obstante lo anterior, en el antes citado caso *Baena Ri-*

---

parte demandante (peticionarios) no es idéntica puesto que ante el Comité de Libertad Sindical lo fue SITIRHE y SITINTEL a través de la Confederación Internacional de Organizaciones Sindicales Libres (CIOSLORIT) y ante la Comisión Interamericana lo fue el Comité Panameño de los Derechos Humanos. Tampoco hay identidad en cuanto a las víctimas, ya que el Comité de Libertad Sindical hace referencia a la generalidad de trabajadores y dirigentes sindicales de SITIRHE y SITINTEL que fueron despedidos, sin individualizar los mismos en forma concreta. Por el contrario, en la demanda ante la Corte, la Comisión individualiza a 270 presuntas víctimas. Además, las presuntas víctimas del caso ante el sistema interamericano son trabajadores de todas las empresas estatales panameñas que se vieron afectados por la aplicación de la Ley 25, y no sólo del Instituto Nacional de Recursos Hidráulicos y Electrificación y del Instituto Nacional de Telecomunicaciones, como sucedió ante la OIT (*supra*, párr. 2.d).

55. **Respecto del objeto, la Corte, al referirse al concepto de "hechos", ha establecido que corresponde "a la conducta o el suceso que implicaron violación de un derecho humano"** (Caso *Durand y Ugarte, Excepciones Preliminares, supra* 54, párr. 43). En el presente caso, el Comité de Libertad Sindical no conoció hechos que surgieron con posterioridad a su pronunciamiento, hechos que sí fueron planteados en la demanda ante la Corte, tal como los procesos ante el Poder Judicial panameño. Además, observa esta Corte que el señor Antonio Ducreux Sánchez señaló, en la audiencia pública sobre excepciones preliminares celebrada el 27 de enero de 1999, que la queja ante el Comité de Libertad Sindical se refería únicamente a lo sucedido en diciembre de 1990.

56. **En cuanto al fundamento legal**, tampoco hay identidad, ya que, en la demanda ante la Corte, se alegan violaciones a los siguientes artículos de la Convención Americana: 8 (Garantías Judiciales); 9 (Principio de Legalidad y de Retroactividad); 10 (Derecho a Indemnización); 15 (Derecho de Reunión); 16 (Libertad de Asociación) y 25 (Protección Judicial), en relación con el artículo 1.1; 2; 33 y 50.2. La denuncia presentada ante el Comité de Libertad Sindical se basó en las violaciones a los Convenios 87 (Convenio sobre la Libertad Sindical y la Protección del Derecho de Sindicación) y 98 (Convenio sobre el Derecho de Sindicación y Negociación Colectiva) de la OIT. Por ello que el objeto tampoco es el mismo, mucho menos cuando ante la OIT se conoció únicamente lo relativo al derecho a la libertad sindical y sobre el derecho laboral en general y, ante la Corte, se planteó la violación de una serie de derechos no comprendidos en la denuncia interpuesta ante el Comité de Libertad Sindical, tal como lo es, entre otros, el derecho al debido proceso legal. (Resaltados añadidos).

[40] Corte IDH. Caso *Comunidad Pueblo de Saramaka vs. Suriname*. Excepciones Preliminares. Fondo, Reparaciones y Costas. Sentencia del 28 de noviem-

cardo y otros vs. Panamá, la Corte IDH adoptó como criterio adicional para determinar si hay identidad entre ambos casos internacionales, el siguiente: que se esté ante una decisión de un procedimiento internacional constituida por una *sentencia* definitiva, inapelable y de obligatorio cumplimiento, ya que las decisiones que contienen "recomendaciones" tienen un *efecto jurídico* diferente. La Corte IDH adoptó este requerimiento particular en los siguientes términos:

> 57. Además, la naturaleza de las recomendaciones emitidas por dicho Comité es diferente a la de las sentencias emitidas por la Corte Interamericana. En el primer caso se trata de un acto propio de un órgano de la OIT con el efecto jurídico propio de una recomendación a los Estados. En el segundo caso se trata de una sentencia que, en los términos de la Convención, es definitiva e inapelable (artículo 67), y de obligatorio cumplimiento (artículo 68.1).[41]

Este criterio jurisprudencial, así expuesto, puede llegar a implicar que en el Sistema Interamericano, respecto a los casos contenciosos que puedan someterse a la jurisdicción de la Corte IDH y culminar con una sentencia de fondo, no procedería la excepción preliminar, cuando una petición o comunicación haya sido *ya examinada y resuelta* por otro organismo internacional mediante actos que no tengan los mismos efectos jurídicos de sentencias definitivas e inapelables y no sean de obligatorio cumplimiento.

2. *El Tribunal Europeo de Derechos Humanos*

Por su parte, el TEDH de conformidad con lo dispuesto en el artículo 35 del Convenio para la Protección de los Derechos Humanos y las Libertades Fundamentales, no admitirá ninguna demanda individual presentada, cuando:

---

bre de 2007. Serie C, N° 172. Disponible en: http://www.corteidh. or.cr/docs/casos/articulos/seriec_172_esp.pdfpárr. 46-48

[41] Corte IDH. Caso *Baena Ricardo vs. Panamá. Excepciones Preliminares*. Sentencia del 18 de noviembre del 1999. Serie C, N° 61 *cit.* párr. 57. Disponible en: http://www.corteidh.or.cr/docs/casos/articulos/Seriec_61_esp.pdf.

b) sea esencialmente la misma que *una demanda examinada anteriormente* por el Tribunal o *ya sometida a otra instancia internacional de investigación o de acuerdo*, y no contenga hechos nuevos relevantes [...][42] (cursivas añadidas).

En el caso del Tribunal Europeo al igual que el sistema interamericano, la cosa juzgada internacional está referida a sus propias decisiones; pero los instrumentos extienden además la inadmisión a los asuntos que hayan sido sometidas a otra instancia internacional de investigación o de acuerdo, siempre que se refieran a los mismos hechos. De lo contrario, a pesar de que una demanda se refiera al mismo asunto ya resuelto por -el TEDH- u otro procedimiento internacional, el mismo será admisible si la misma contiene hechos nuevos relevantes. En este caso, en realidad no se aplica la prohibición de admisión, ya que no habría plena identidad en uno de sus elementos esenciales: los hechos del caso.

3. *La Comisión y la Corte Africana de Derechos Humanos y de los Pueblos*

Por su parte, la Comisión ADHP solamente puede admitir la consideración o examen de comunicaciones, conforme al artículo 56 de la CADHP, si aquéllas:

---

[42] *Convenio para la Protección de los Derechos Humanos y las Libertades Fundamentales* ("Convenio Europeo de Derechos Humanos"), modificado por los Protocolos Nos. 11 y 14, completado por el Protocolo adicional y los Protocolos números. 4, 6, 7, 12 y 13, versión en español disponible en: http://www.echr.coe.int/Documents/Convention_SPA.pdf

La versión en Inglés del Convenio Europeo de Derechos Humanos establece:

Article 35. Admissibility Criteria

[...]

2. The Court shall not deal with any application submitted under Article 34 that

[...]

(b) is substantially the same as a matter that *has already been examined* by the Court or has already been submitted to another procedure of international investigation or settlement and contains no relevant new information. (Cursivas añadidas).

[…] 7. No se refieren a casos que *han sido resueltos* por los Estados concernidos, de conformidad con los principios de la Carta de las Naciones Unidas o la Carta de la Organización de la Unión Africana o la presente Carta [43] (cursivas añadidas).

En este sentido, el Reglamento de la Comisión Africana dispone que a los fines de admitir una comunicación la Secretaría debe cerciorarse que la misma contiene la siguiente información (art. 93.2):

j. Indicación de que la queja *no ha sido sometida* a otro procedimiento de arreglo internacional conforme a lo previsto en el artículo 56.7 de la Carta Africana[44] (cursivas añadidas).

---

[43] *Carta Africana sobre los Derechos Humanos y de los Pueblos*, adoptada el 27 de junio de 1981, OAU Doc. CAB/LEG/67/3 rev. 5, 21 I.L.M. 58 (1982), entrada en vigor el 21 de Octubre de 1986, versión en español disponible en: http://www.acnur.org/biblioteca/pdf/1297.pdf?view=1

La versión en inglés, disponible en http://www.achpr.org/instruments/achpr/, establece:

Article 56.

Communications relating to human and peoples rights referred to in 55 received by the Commission, shall be considered if they: […]

7. Do not deal with cases which have been settled by these States involved in accordance with the principles of the Charter of the United Nations, or the Charter of the Organization of African Unity or the provisions of the present Charter."

[44] *Rules of Procedure of the African Commission on Human and Peoples Rights*, approved by the African Commission on Human and Peoples Rights during its 47th ordinary session held in Banjul (The Gambia) from May 12 to 26, 2010). Disponible en: http://www.achpr.org/files/instruments/rules-of-procedure-2010/rules_of_procedure_2010_en.pdf.

La versión oficial en inglés establece:

Article 93.

[…]

2. The Secretary shall ensure that Communications addressed to the Commission contain the following information:

[…]

Del anterior análisis que hemos hecho sobre las reglas procesales que regulan la admisión de las peticiones, demandas o comunicaciones ante los órganos de protección internacional regionales de derechos humanos, podemos concluir que la regla dispuesta por los instrumentos que los regulan es la inadmisión de los casos que hayan sido decididos por otras instancias internacionales competentes, a menos de que no haya identidad en los elementos, como es el caso de que presenten nuevos hechos, o que la víctima (o el Estado demandado) no sean las mismas.

IV. LA INADMISIBILIDAD POR ÓRGANOS DEL SISTEMA UNIVERSAL DE LOS CASOS DECIDIDOS POR OTROS ÓRGANOS INTERNACIONALES

A continuación, haremos una referencia a los órganos del sistema universal de derechos humanos, cuyos instrumentos convencionales que regulan sus competencias, igualmente establecen como regla general la incompetencia de dichos órganos de protección internacional para admitir o examinar las comunicaciones individuales, cuando éstas *hayan sido* previamente objeto de examen o decisión por otro mecanismo de arreglo o solución internacionales.

El sistema universal de las Naciones Unidas cuenta con nueve (9) órganos de tratados que prevén el mecanismo de las comunicaciones o peticiones individuales para la protección internacional de los derechos humanos reconocidos en los respectivos instrumentos convencionales. Esos órganos de protección de los derechos humanos en el sistema universal, cuyos instrumentos establecen como regla la no admisión o inadmisión de las comunicaciones individuales cuando éstas *hayan sido examinadas* por otro procedimiento de arreglo internacional, son los siguientes seis (6):

---

j. An indication that the complaint has not been submitted to another international settlement proceeding as provided in Article 56.7 of the African Charter.

1. *El Comité contra la Tortura*

De conformidad con lo dispuesto en el artículo 22.5.a) de la Convención contra la Tortura y Otros Tratos o Penas Crueles, Inhumanos o Degradantes, el Comité contra la Tortura no podrá examinar ninguna comunicación individual cuando la misma cuestión *ya ha sido examinada* o está siendo examinada por otro procedimiento de investigación o solución internacional:

Artículo 22.

[...]

5. El Comité no examinará ninguna comunicación de una persona en virtud de este artículo, a menos que se haya cerciorado de que:

(a) La misma cuestión *no ha sido*, ni está siendo, examinada según otro procedimiento de investigación o solución internacional [...][45] (cursivas añadidas).

2. *El Comité de los Derechos de las Personas con Discapacidad*

Así mismo, el Protocolo Facultativo de la Convención sobre los Derechos de las Personas con Discapacidad, establece en su artículo 2.c), que el Comité de los Derechos de las Personas con Discapacidad declarará inadmisible una comunicación individual cuando la misma cuestión *ha sido examinada* por dicho Comité o según otro procedimiento de investigación o solución internacionales:

Artículo 2.

El Comité considerará inadmisible una comunicación cuando:

[...]

c) Se refiera a una cuestión que ya haya sido examinada por el Comité o *ya haya sido* o esté siendo examinada de conformidad con

---

[45] *Convención contra la Tortura y Otros Tratos o Penas Crueles, Inhumanos o Degradantes. Disponible* en: http://www2.ohchr.org/spanish/law/ cat.htm

otro procedimiento de investigación o arreglo internacionales […][46] (cursivas añadidas).

3. *El Comité de Derechos Económicos, Sociales y Culturales*

El Protocolo Facultativo del PDESC igualmente dispone en su artículo 3.2.c), que el Comité de Derechos Económicos, Sociales y Culturales declarará inadmisible las comunicaciones que se refiera a una cuestión que *haya sido* o esté siendo examinada con arreglo a otro procedimiento de examen o arreglo internacional:

Artículo 3. Admisibilidad

[…]

2. El Comité declarará inadmisible toda comunicación que:

[…]

c) Se refiera a una cuestión que ya haya sido examinada por el Comité o *haya sido o esté siendo examinada* con arreglo a otro procedimiento de examen o arreglo internacional; […][47] (cursivas añadidas).

4. *El Comité para la Eliminación de la Discriminación contra la Mujer*

Por su lado, el Protocolo Facultativo de la Convención sobre la Eliminación de Todas las Formas de Discriminación contra la Mujer, dispone en su artículo 4.2.a), que el Comité para la Eliminación de la Discriminación contra la Mujer declarará inadmisible toda comunicación que se refiera a una cuestión que ya ha sido examinada por el Comité o *ya ha sido* o esté siendo examinada con arreglo a otro procedimiento de examen o arreglo internacionales:

---

[46] *Protocolo Facultativo de la Convención sobre los Derechos de las Personas con Discapacidad.* Disponible en: http://www2.ohchr.org/spanish/law/disabilities-op.htm

[47] *Protocolo Facultativo del Pacto Internacional de Derechos Económicos, Sociales y Culturales.* Disponible en: http://www2.ohchr.org/spanish/law/docs/A.RES.63.117_sp.pdf

Artículo 4.

(…)

2. El Comité declarará inadmisible toda comunicación que:

a) Se refiera a una cuestión que ya ha sido examinada por el Comité o *ya ha sido* o esté siendo examinada con arreglo a otro procedimiento de examen o arreglo internacionales; […][48] (cursivas añadidas).

5. *El Comité de los Derechos del Niño*

El Comité de los Derechos del Niño tiene como atribución monitorear la implementación por los Estados partes de las obligaciones internacionales bajo la Convención sobre los Derechos del Niño, así como bajo los dos Protocolos Facultativos relativos a: (i) la participación de niños en los conflictos armados y (ii) a la venta de niños, la prostitución infantil y la utilización de niños en la pornografía. El 19 de diciembre de 2011, la Asamblea General de las Naciones Unidas aprobó un Tercer Protocolo Facultativo relativo a un Procedimiento de Comunicaciones, el cual permitirá a los niños presentar quejas o comunicaciones individuales con relación a la violación algunos de sus derechos bajo la Convención y los primeros dos Protocolos. Este tercer protocolo fue abierto a la firma de los Estados en febrero de 2012 y entrará en vigor cuando sea ratificado por 10 de los Estados Miembros de la ONU.

El Tercer Protocolo Facultativo de la Convención sobre los derechos del Niño relativo al Procedimiento de Comunicaciones establece en su artículo 7.d), que el Comité de los Derechos del Niño no admitirá las comunicaciones que se refieran a cuestiones que *ya hayan sido examinadas* por otro procedimiento de investigación o arreglo internacionales:

---

[48] *Protocolo Facultativo de la Convención sobre la eliminación de todas las formas de discriminación contra la mujer.* Disponible en: http://www2.ohchr.org/spanish/law/cedaw-one.htm

Artículo 7.

El Comité declarará inadmisible toda comunicación que:

[…]

d) Se refiera a una cuestión que ya haya sido examinada por el Comité o que *ya haya sido* o esté siendo examinada en virtud de otro procedimiento de investigación o arreglo internacional […][49] (cursivas añadidas).

6. *El Comité para la Protección de los Derechos de todos los Trabajadores Migratorios y de sus Familiares*

Por su parte, la Convención Internacional sobre la Protección de los Derechos de Todos los Trabajadores Migratorios y de sus Familiares, dispone en su artículo 77.3.a) con relación al procedimiento de peticiones individuales –a la presente fecha no ha entrado en vigor-, que el Comité para la Protección de los Derechos de Todos los Trabajadores Migratorios y de sus Familiares no examinará ninguna comunicación individual, si la misma cuestión *ha sido examinada* por otro procedimiento de investigación o solución internacional:

Artículo 77.

[…]

3. El Comité no examinará ninguna comunicación de un individuo en virtud del presente artículo, a menos que se haya cerciorado de que:

[…]

(a) La misma cuestión *no ha sido*, ni está siendo, examinada según otro procedimiento de investigación o solución internacional" […][50] (cursivas añadidas).

---

[49] *Tercer Protocolo Facultativo de la Convención sobre los Derechos del Niño relativo a un Procedimiento de Comunicaciones*. Disponible en: http://www2.ohchr.org/english/bodies/hrcouncil/docs/17session/A.HRC.17.36_Extract_sp.pdf y en: https://treaties.un.org/doc/source/signature/2012/CTC_411d.pdf

[50] *Convención Internacional sobre la Protección de los Derechos de Todos los Trabajadores Migratorios y de sus Familiares*, adoptada por la Asamblea General en su Resolución 95/58 del 18 de diciembre 1990. Disponible en: http://www2.ohchr.org/spanish/law/cmw.htm

V. LA ADMISIÓN POR ÓRGANOS DEL SISTEMA UNIVERSAL DE LOS CASOS DECIDIDOS POR OTROS ÓRGANOS INTERNACIONALES

Como hemos podido constatar de la reseña antes hecha, la regla expresamente establecida aplicable a la mayoría de los órganos de protección internacional de los derechos humanos es la inadmisión de los mismos asuntos decididos previamente por otros órganos internacionales. Ello se traduce en la incompetencia de dichos órganos para admitir un mismo caso que ya ha sido decidido por otros órganos de protección convencional. Sin embargo, otros instrumentos al no prohibirlo así expresamente autorizan a sus órganos a admitir para su examen, un mismo caso que ya ha sido examinado por otro órgano de protección internacional convencional conforme a otro instrumento jurídico. En todo caso, como aclaramos al principio, aun en estos casos, la regla general aplicable sigue siendo la inadmisión por litispendencia simultánea, ello es, la inadmisión de un mismo caso mientras esté siendo considerado por otro órgano de protección internacional convencional.

La regla de la admisión de un mismo caso que haya sido examinado o decidido por otro órgano de protección internacional convencional, está contenida en instrumentos que rigen en el sistema universal. En este sentido, de los nueve órganos de tratados del sistema universal de las Naciones Unidas que prevén el mecanismo de las comunicaciones o peticiones individuales para la protección internacional de los derechos humanos reconocidos en los respectivos instrumentos convencionales, los siguientes tres (3) están regulados por instrumentos que establecen de una manera u otra como regla, la admisión de las comunicaciones individuales cuando éstas *hayan sido examinadas* por otro procedimiento de arreglo internacional:

1. *El Comité de Derechos Humanos*

Conforme será desarrollado más adelante, la interpretación uniforme del apartado a) del párrafo 2 del artículo 5 del PF-PIDCP no autoriza la admisión de comunicaciones que, para el momento de presentarse al Comité, *estén pendientes* de decisión ante otro procedimiento de examen o arreglo internacional. Como consecuencia de ello, la regla procesal aplicable es que un asunto sometido al CDH resulta admisible si éste ya *no está pendiente* de decisión ante otro procedimiento de examen o arreglo internacional, y el Estado no ha formulado una reserva expresa a dicha norma del PF-PIDCP. En estos casos, el mismo caso ya resuelto por otro procedimiento internacional, sí podrá ser presentado y admitido por el CDH.

En este sentido, el artículo 96 del Reglamento del CDH dispone que para decidir la admisibilidad de una comunicación, el Comité (o un grupo de trabajo establecido con arreglo al artículo 95, párrafo 1), comprobarán:

e) Que el mismo asunto *no está siendo examinado ya* en el marco de otro procedimiento de examen o arreglo internacionales.[51] (Cursivas añadidas).

2. *El Comité contra la Desaparición Forzada*

La Convención Internacional para la Protección de Todas las Personas contra las Desapariciones Forzadas que regula las competencias al Comité contra la Desaparición Forzada, contiene una regulación similar al PF-PIDCP, al disponer que es inadmisible una comunicación individual en caso de que la misma cuestión *está siendo examinada* con arreglo a otro procedimiento de la misma naturaleza:

Artículo 31.

[...]

2. El Comité considerará inadmisible toda comunicación que:

[...]

(c) La misma cuestión *está siendo examinada* con arreglo a otro procedimiento de examen o arreglo de la misma naturaleza [...][52] (cursivas añadidas).

---

[51] *Reglamento del Comité de Derechos Humanos* (2012). Disponible en: http://tbinternet.ohchr.org/_layouts/treatybodyexternal/Download.aspx?symbolno=CCPR%2fC%2f3%2fREV.10&Lang=en

[52] *Convención Internacional para la Protección de Todas las Personas contra las Desapariciones Forzadas*. Disponible en: http://www2.ohchr.org/spanish/law/disappearance-convention.htm

3. *El Comité para la Eliminación de la Discriminación Racial*

Por último, de conformidad con el artículo 14 de la Convención Internacional sobre la Eliminación de todas las Formas de Discriminación Racial, el Comité para la Eliminación de la Discriminación Racial tiene jurisdicción, previa declaración de aceptación por los Estados partes, para recibir y examinar comunicaciones de personas o grupos de personas bajo su jurisdicción, que aleguen ser víctimas de violaciones por dicho Estado, de cualquiera de los derechos reconocidos en dicha Convención.[53]

---

[53] *Convención Internacional sobre la Eliminación de todas las Formas de Discriminación Racial*, la cual entró en vigor el 4 de enero de 1969 de conformidad con el artículo 19 de la misma. Disponible en: http://www.ohchr.org/SP/ProfessionalInterest/Pages/CERD.aspx El Artículo 14 dispone:

1. Todo Estado parte podrá declarar en cualquier momento que reconoce la competencia del Comité para recibir y examinar comunicaciones de personas o grupos de personas comprendidas dentro de su jurisdicción, que alegaren ser víctimas de violaciones, por parte de ese Estado, de cualquiera de los derechos estipulados en la presente Convención. El Comité no recibirá ninguna comunicación referente a un Estado parte que no hubiere hecho tal declaración.

2. Todo Estado parte que hiciere una declaración conforme al párrafo 1 del presente artículo podrá establecer o designar un órgano, dentro de su ordenamiento jurídico nacional, que será competente para recibir y examinar peticiones de personas o grupos de personas comprendidas dentro de su jurisdicción, que alegaren ser víctimas de violaciones de cualquiera de los derechos estipulados en la presente Convención y hubieren agotado los demás recursos locales disponibles.

3. La declaración que se hiciere en virtud del párrafo 1 del presente artículo y el nombre de cualquier órgano establecido o designado con arreglo al párrafo 2 del presente artículo serán depositados, por el Estado parte interesado, en poder del Secretario General de las Naciones Unidas, quien remitirá copias de los mismos a los demás Estados partes. Toda declaración podrá retirarse en cualquier momento mediante notificación dirigida al Secretario General, pero dicha notificación no surtirá efectos con respecto a las comunicaciones que el Comité tenga pendientes.

4. El órgano establecido o designado de conformidad con el párrafo 2 del presente artículo llevará un registro de las peticiones y depositará anualmente, por los conductos pertinentes, copias certificadas del registro en poder del Secretario

La competencia del Comité para la Eliminación de la Discriminación Racial no parece contar con una regla expresa de inadmisión de las comunicaciones que hayan sido decididas por otros mecanismos de arreglo internacional. En efecto, conforme a lo dispuesto en el artículo 16 de la Convención, el mecanismo de comunicaciones individuales en materia de discriminación del citado artículo 14 de dicho instrumento, puede aplicarse sin perjuicio o incluso independientemente, de los otros procedimientos internacionales para solucionarlos. Por lo cual, si el procedimiento de arreglo internacio-

_____

General, en el entendimiento de que el contenido de las mismas no se dará a conocer públicamente.

5. En caso de que no obtuviere reparación satisfactoria del órgano establecido o designado con arreglo al párrafo 2 del presente artículo, el peticionario tendrá derecho a comunicar el asunto al Comité dentro de los seis meses.

6. a) El Comité señalará confidencialmente toda comunicación que se le remita a la atención del Estado parte contra quien se alegare una violación de cualquier disposición de la presente Convención, pero la identidad de las personas o grupos de personas interesadas no se revelará sin su consentimiento expreso. El Comité no aceptará comunicaciones anónimas.

b) Dentro de los tres meses, el Estado que reciba la comunicación presentará al Comité explicaciones o declaraciones por escrito para aclarar la cuestión y exponer qué medida correctiva, si la hubiere, ha adoptado.

7. a) El Comité examinará las comunicaciones teniendo en cuenta todos los datos puestos a su disposición por el Estado parte interesado y por el peticionario. El Comité no examinará ninguna comunicación de un peticionario sin antes cerciorarse de que dicho peticionario ha agotado todos los recursos internos disponibles. Sin embargo, no se aplicará esta regla cuando la substanciación de los mencionados recursos se prolongue injustificadamente.

b) El Comité presentará al Estado parte interesado y al peticionario sus sugerencias y recomendaciones, si las hubiere.

8. El Comité incluirá en su informe anual un resumen de tales comunicaciones y, cuando proceda, un resumen de las explicaciones y declaraciones de los Estados partes interesados, así como de sus propias sugerencias y recomendaciones.

9. El Comité será competente para desempeñar las funciones previstas en este artículo sólo cuando diez Estados partes en la presente Convención, por lo menos, estuvieren obligados por declaraciones presentadas de conformidad con el párrafo 1 de este artículo.

nal no soluciona la denuncia en materia de discriminación, las víctimas de violaciones de cualquiera de los derechos reconocidos en esta Convención podrían acudir a este Comité mediante una comunicación individual.

En consecuencia, esta regulación particular de la competencia del Comité para la Eliminación de la Discriminación Racial, si bien no expresamente aunque sí en sus efectos, se asemeja a la del CDH y a la del Comité contra la Desaparición Forzada, al permitir conocer de comunicaciones individuales de quejas de violaciones a los derechos humanos reconocidos en el PIDCP que *hayan sido examinadas* por otros mecanismos de arreglos internacionales y no hayan sido solucionadas.

En este sentido, la Convención Internacional sobre la Eliminación de todas las Formas de Discriminación Racial establece lo siguiente:

Artículo 16.

Las disposiciones de la presente Convención relativas al arreglo de controversias o denuncias regirán *sin perjuicio de otros procedimientos para solucionar las controversias o denuncias en materia de discriminación establecidos en los instrumentos constitucionales de las Naciones Unidas y sus organismos especializados o en convenciones aprobadas por ellos, y no impedirán que los Estados partes recurran a otros procedimientos para resolver una controversia, de conformidad con convenios internacionales generales o especiales que estén en vigor entre ellos.*[54] (Cursivas añadidas).

Esta disposición convencional si bien luce amplia sobre la materia, sin embargo es vaga por imprecisa sobre el punto específico, a diferencia de las normas contenidas en los demás instrumentos analizados. Con relación a este requisito de admisibilidad de las comunicaciones individuales, el Reglamento del Comité para la Eliminación de la Discriminación Racial dispone en su artículo 84, que el Secretario General de dicho Comité podrá pedir aclaraciones al autor de una comunicación relativa a la aplicación del artículo 14 de la

---

[54] *Convención Internacional sobre la Eliminación de todas las Formas de Discriminación Racial, cit.*

Convención, en especial con relación a en qué medida la misma cuestión *está siendo examinada* por otro procedimiento de arreglo internacional:

[...]

g) Medida en que *se esté examinando* la misma cuestión en virtud de otro procedimiento de investigación o arreglo internacionales.[55] (Cursivas añadidas).

De aplicarse el principio de "no duplicación", si la misma cuestión planteada en una comunicación individual ante este Comité *está siendo examinada* por otro procedimiento convencional de arreglo internacional, la misma sería inadmisible. Por otro lado, dada la imprecisión de las disposiciones convencionales y reglamentarias citadas, el asunto se centra entonces en determinar si una comunicación relativa a un asunto *ya resuelto* por otro procedimiento de arreglo internacional pero que no solucionó o no reparó la violación denunciada, puede ser planteada y admitida para su examen por ante este Comité, con base en el artículo 14 de la Convención. Sobre el particular, el Reglamento del Comité para la Eliminación de la Discriminación Racial en el capítulo relativo al "procedimiento para determinar la admisibilidad de las comunicaciones" que regula el "método que ha de seguirse para el examen de las comunicaciones" y concretamente las "condiciones de admisibilidad de las comunicaciones", nada dispone expresamente sobre el particular. En efecto, dentro de las reglas de admisibilidad de las comunicaciones ante ese Comité nada se dispone con relación a la no admisión de una comunicación individual si el mismo asunto ya ha sido examinado por otro mecanismo convencional de arreglo internacional. De hecho, en el formulario o modelo de comunicación ante este Comité disponible en su sitio electrónico, se incluye una referencia a la información sobre la decisión de otro procedimiento de arreglo

[55] *Reglamento del Comité para la Eliminación de la Discriminación Racial*, aprobado en la primera reunión de los Estados Partes celebrada el 10 de julio de 1969. Disponible en: http://tbinternet.ohchr.org/_layouts/treatybodyexternal/TBSearch.aspx?Lang=en&TreatyID=6&DocTypeID=65

internacional, en caso de haber acudido a él.[56] La dificultad podría suscitarse entonces en virtud de la aplicación del requisito reglamentario de admisibilidad de las comunicaciones relativo a su presentación ante el Comité, dentro de los seis meses de agotados los recursos de la jurisdicción interna (artículo 91.f);[57] no obstante, la misma norma reglamentaria dispone expresamente que este plazo se aplica "excepto en circunstancias excepcionales debidamente comprobadas". En este sentido, una de estas circunstancias podría estar configurada por el hecho de que el asunto haya sido decidido por otro procedimiento de arreglo internacional y no haya sido solucionado a favor de la protección de los derechos del autor de la comunicación –reconocidos en la Convención Internacional sobre la Eliminación de todas las Formas de Discriminación Racial–.

Como **conclusión** de la reseña antes descrita podemos afirmar que, de los nueve (9) comités de la ONU para la protección internacional de los derechos humanos establecidos en virtud de tratados, en seis (6) de ellos sus reglas de funcionamiento establecen como requisito expreso para la admisión de las comunicaciones individuales, que el asunto en ellos planteados *no haya sido ya examinado* por otro procedimiento (convencionales) de arreglo internacional: el Comité contra la Tortura; el Comité de los Derechos de las Personas

---

[56] Este modelo o formulario ("Model Complaint Form") propuesto para este Comité entre otros, disponible en: http://www.ohchr.org/EN/HRBodies/CERD/Pages/WorkingMethods.aspx, contiene la siguiente mención sobre el particular:

Model Complaint Form.

[…] III.

[…] Application to other international procedures.

[…] Have you submitted the same matter for examination under another procedure of international investigation or settlement (e.g. the Inter-American Commission on Human Rights, the European Court of Human Rights, or the African Commission on Human and Peoples' Rights)?

If so, detail which procedure(s) have been, or are being, pursued, which claims you have made, at which times, and with which outcomes:

[57] *Reglamento del Comité para la Eliminación de la Discriminación Racial, cit.*

con Discapacidad; el Comité de Derechos Económicos, Sociales y Culturales; el Comité para la Eliminación de la Discriminación contra la Mujer; el Comité de los Derechos del Niño; y el Comité para la Protección de los Derechos de todos los Trabajadores Migratorios y de sus Familiares. Los otros tres (3) comités tienen como regla general en sus instrumentos, la inadmisión de las comunicaciones individuales cuando el mismo asunto *esté siendo examinado* por otro procedimiento (convencional) de arreglo internacional: el Comité de Derechos Humanos; el Comité contra las Desapariciones Forzadas y –con las salvedades hechas *supra*- el Comité para la Eliminación de la Discriminación Racial. Respecto a los tres últimos comités, la regla general consiste entonces en la inadmisión de las comunicaciones individuales *mientras estén siendo examinadas* por otro procedimiento convencional de arreglo internacional, y por tanto, la admisión de las comunicaciones individuales que ya *hayan sido examinadas* por dichos procedimientos y por ende el asunto no haya sido resuelto a favor de la protección de los derechos de la víctima.

VI. LA REGLA APLICABLE AL COMITÉ DE DERECHOS HUMANOS

El apartado a) del párrafo 2 del artículo 5 del PF-PIDCP no autoriza la admisión de comunicaciones que, para el momento de presentarse al Comité *estén pendientes* de decisión ante otro procedimiento de examen o arreglo internacionales, entiéndase convencional-. Por lo cual, la regla procesal aplicable es que un asunto sometido al CDH resulta admisible si éste *no está pendiente* de decisión ante otro procedimiento de examen o arreglo internacionales, y el Estado no ha formulado una reserva expresa al apartado a) del párrafo 2 del artículo 5 del PF-PIDCP. Por lo tanto, un asunto sometido al Comité resultará inadmisible únicamente si éste *está sometido,* es decir si está *aún pendiente* de decisión ante otro procedimiento de examen o arreglo internacionales; o si el Estado parte ha formulado una reserva a esta disposición y la invoca como excepción de inadmisibilidad en el procedimiento ante el CDH.

La regla de admisión por el Comité de los casos idénticos que ya han sido decididos por otro órgano internacional, ha sido confirmada por su propia jurisprudencia. Así por ejemplo, en el caso *Alzbeta Pezoldova c. Czech Republic*, el CDH determinó que una comunicación que le fuera sometida resultaba admisible, dado que la Comisión Europea de Derechos Humanos *ya la había declarado inadmisible* y el Estado no había formulado reserva al citado apartado a) del párrafo 2 del artículo 5 del PF-PIDCP:

> El Comité observó que la Comisión Europea de Derechos Humanos había declarado inadmisible el 11 de abril de 1996 una reclamación análoga presentada por la autora. Sin embargo, el apartado a) del párrafo 2 del artículo 5 del Protocolo Facultativo no constituía un obstáculo a la admisibilidad de la presente comunicación, dado que el asunto no estaba ya sometido a otro procedimiento de examen o arreglo internacional, y la República Checa no había formulado una reserva en virtud del apartado a) del párrafo 2 del artículo 5 del Protocolo Facultativo.[58]

En este sentido, en el citado caso el Comité observó que un reclamo similar al presentado por el autor en su comunicación ante el CDH ya había sido declarado inadmisible por la entonces Comisión Europea de Derechos Humanos, pero que ello no constituía un obstáculo para la admisión de la comunicación bajo el artículo 5.2.a) del PF-PIDCP, dado que el referido asunto ya no estaba pendiente de examen ante otro procedimiento de investigación o arreglo internacionales, y que la República Checa no había formulado una reserva al respecto.

Por lo cual, lo que prohíbe el PF-PIDCP al Comité es admitir un caso si el mismo asunto *está siendo examinado* ante otro procedimiento de investigación o arreglo internacionales. Pero si bien el artículo 5.2.a) del PF-PIDCP no dispone expresamente que éste tiene competencia para examinar una comunicación individual si el caso *ya ha sido examinado* por otro procedimiento de arreglo inter-

---

[58] CDH. Caso *Alzbeta Pezoldova c. Czech Republic*, Comunicación Nº 757/1997, del 25 de octubre de 2002, Doc. CCPR/C/76/D/757/1997, párr. 6.6. Disponible en: http://tbinternet.ohchr.org/_layouts/treatybodyexternal/Download.aspx?symbolno=CCPR%2fC%2f76%2fD%2f757%2f1997&Lang=en

nacional, ésta ha sido la interpretación uniforme y autorizada por el Comité. [59]

1. *La discrepancia del texto en español del PF-PIDCP*

Ahora bien, a continuación expondremos el problema que se planteó inicialmente ante el Comité en virtud de la discrepancia existente -únicamente- en el texto de la versión en español (caste-llano)[60] del artículo 5.2.a) del PF-PIDCP: en la misma se lee tex-tualmente que el Comité no examinará ninguna comunicación de un individuo, a menos que se haya cerciorado de que "a) [e]l mismo asunto no ha sido sometido ya a otro procedimiento de examen o arreglo internacionales"[61] (cursivas añadidas). El problema interpre-tativo solo se originaría en una lectura gramatical y aislada del texto en español del PF-PIDCP, de la cual se infiera que una comunica-ción individual sería inadmisible cuando el mismo asunto haya sido sometido con anterioridad a otro procedimiento de arreglo interna-cional, y que por lo tanto, si fue sometido a dicho procedimiento continuaría siendo inadmisible aun después de haber sido examina-do y resuelto de manera infructuosa. Pero el asunto es que esta dis-posición del texto en español difiere de la misma norma contenida en todas las demás versiones oficiales o auténticas del mismo ins-trumento.

---

[59]   TH. MÖLLER, Jacob; DE ZAYAS, Alfred: *United Nations Human Rights Committee Case Law, op. cit.*, pp. 97 y 101.

[60]   Los instrumentos internacionales, como es el caso de los de Naciones Unidas, hacen referencia a la versión de los textos en idioma "español". Así por ejemplo, el artículo 53.1 de PIDCP y el artículo 14.1 del PF-PIDCP. Esta es la manera como se refieren internacionalmente a este idioma, e internamente en los países iberoamericanos generalmente sus constituciones mencionan al "castella-no" como el idioma oficial. Conforme al *Diccionario de la Lengua Española de la Real Academia Española*, el español es la "Lengua común de España y de mu-chas naciones de América, hablada también como propia en otras partes del mun-do"; y el castellano es tratado, entre otros, como un sinónimo: "Lengua española, especialmente cuando se quiere introducir una distinción respecto a otras lenguas habladas también como propias en España." Ver en: http://lema.rae.es/drae

[61]   *Protocolo Facultativo del Pacto Internacional de Derechos Civiles y Políticos, cit.*, artículo 5.2.a)

En virtud de la discrepancia del texto en español con todas las demás versiones oficiales del PF-PIDCP, la misma tuvo que ser resuelta a favor de la unificación del sentido de los textos, tomando como pauta de interpretación el objeto y propósito de este instrumento de protección de derechos humanos.

En efecto, el PF-PIDCP fue adoptado el 16 de diciembre de 1966 en los cinco idiomas oficiales (en aquel momento) de las Naciones Unidas, siendo todos los textos en esos idiomas "igualmente auténticos". Los textos del artículo 5.2.a) del PF-PIDCP en los idiomas chino, inglés, francés y ruso emplean el lenguaje conforme al cual, la competencia del CDH queda excluida sólo si el mismo asunto *está siendo examinado (is being examined)* bajo otro procedimiento de investigación o arreglo internacionales; mientras que el texto en español –como vimos- emplea un lenguaje conforme al cual, la competencia del CDH queda excluida si el mismo asunto *ha sido sometido (has been submitted)* a otro procedimiento de investigación o arreglo internacionales. Esta discrepancia fue atribuida a un "error editorial" del texto en español, cuando el CDH inició sus trabajos bajo el PF-PIDCP en 1977 (luego de la entrada en vigor de este instrumento el 23 de marzo de 1976). El Comité decidió desde un inicio solucionar esta discrepancia, unificando el tratado en las versiones correctas contenidas en los demás idiomas oficiales -y por ende-, no en la versión en español.

En este sentido, las versiones en español, inglés y francés[62] respectivamente del artículo 5.2.a) del PF-PIDCP, son del siguiente contenido:

> El Comité no examinará ninguna comunicación de un individuo a menos que se haya cerciorado de que: […] El mismo asunto *no ha sido sometido ya* a otro procedimiento de examen o arreglo internacionales.

> The Committee shall not consider any communication from an individual unless it has ascertained that: […] The same matter *is not being examined* under another procedure of international investigation or settlement.

---

[62] Omitimos la versión oficial en idioma ruso que coincide con las versiones en inglés y francés.

Le Comité n'examinera aucune communication d'un particulier sans s'être assuré que: [...] La même question *n'est pas déjà en cours d'examen* devant une autre instance internationale d'enquête ou de règlement. (Cursivas añadidas).

La cita anterior evidencia que, mientras las versiones en inglés y en francés -al igual que las versiones en chino y ruso-, impiden al Comité conocer una comunicación individual relativa al mismo asunto, únicamente *mientras está siendo examinado* por otro procedimiento o examen de arreglo internacionales (convencionales); la versión en español impediría al mismo Comité conocer una comunicación individual por el solo hecho de que el mismo asunto *haya sido sometido* con anterioridad a estos procedimientos o arreglos internacionales. Por lo cual, en el caso de las demás versiones auténticas, la admisión de una comunicación relativa a un mismo asunto no es posible mientras la misma *esté siendo examinada* por ese otro órgano internacional, pero una vez examinado o decidido el asunto por ese otro órgano internacional, sí puede ser admitido para su examen por el CDH. En sentido contrario, como lo explicamos antes, únicamente en la versión en español -según el texto literal y gramatical de la citada norma-, una comunicación individual relativa a un mismo asunto que ya ha sido decidida por otro órgano internacional, no podría ser admitida para su examen por el CDH. Esta aparente contradicción de textos en las versiones del instrumento, debía ser entonces resuelta por el Comité como órgano autorizado para aplicar y por ende interpretar el PIDCP y el PF-PIDCP.

De conformidad con el artículo 33.4 de la Convención de Viena sobre el Derecho de los Tratados ("CVDT"), relativo a la *Interpretación de los tratados autenticados en dos o más idiomas*, en caso de discrepancia entre los textos auténticos de éstos, se adoptará el sentido que mejor concilie todos los textos, tomando en cuenta el objeto y propósito del tratado:

> [...]
>
> 4. Salvo en el caso en que prevalezca un texto determinado conforme a lo previsto en el párrafo 1, cuando la comparación de los textos auténticos revele una diferencia de sentido que no pueda resolverse con la aplicación de los artículos 31 y 32, se adoptará el sentido que

mejor concilie esos textos, habida cuenta del objeto y del fin del tratado.[63]

Por lo tanto, teniendo en cuenta que el objeto y propósito del PF-PIDCP es la protección internacional de los derechos humanos reconocidos en el PIDCP a las personas sujetas a la jurisdicción de los Estados partes, dicha discrepancia debe ser resuelta conforme a la pauta interpretativa del principio de progresividad o pro persona, es decir, de la manera que más favorezca el ejercicio efectivo de dicha protección internacional.

El propio Comité determinó desde un principio, que no era posible que un mismo instrumento internacional, en este caso de naturaleza convencional, pueda tener dos contenidos interpretativos contrarios: uno para las víctimas sujetas a los Estados partes de idioma español (castellano) y otro para las víctimas de los demás Estados partes. Tanto el tratado como su protocolo son uno sólo, a pesar de las diferencias semánticas de expresión que puedan tener. Esta discrepancia fue efectivamente discutida por los miembros del Comité en su cuarto período de sesiones en Nueva York, el 19 de julio de 1978.[64] Así, teniendo en cuenta la decisión tomada al respecto

---

[63] Convención de Viena sobre el Derecho de los Tratados, suscrita en Viena, 23 de mayo de 1969, U.N. Doc A/CONF.39/27 (1969), 1155 U.N.T.S. 331, entró en vigencia el 27 de enero de 1980.
Disponible en: http://www.un.org /es/treaty/untc.shtml y en: https://www.oas.org/ dil/esp/Convencion_de_Viena_sobre_derecho_tratados_Colombia.pdf

[64] CDH. Cuarto Periodo de Sesiones, CCPR/C/SR.88 de 24 de julio de 1978. El CDH en sus decisiones, *vgr.*, CDH. *Caso Joseph Semev c. España*, Comunicación N° 986/2001 del 30 de julio de 2003, Doc. CCPR/C/ 78/D/986/2001, cita de pié de página número 8.
Disponible en: http://docstore.ohchr.org/SelfServices/FilesHandler.ashx?enc =6QkG1d%2fPPRiCAqhKb7yhsswSVVnSz50wXLYzs7W9cwFhlX61KlL7tK8hq Zl4NEmj1ghYVU3KelkNALyBy52eEx7CbZ9RmgnGCjeYAHlwOIk9vW6tYTcP FvZH8nUdcT6IMEfTf5EyjDV7gln2dvFbZg%3d%3d. Se ha referido a esta diferencia de las versiones y ha citado las deliberaciones de sus miembros en esa ocasión en 1978, en los siguientes términos: "En la discusión los distintos miembros del Comité expresaron diversas opiniones al respecto y la conclusión anunciada por su presidente en aquella ocasión, anunciado que por consenso el Comité trabajará sobre la base de los textos inglés, francés y ruso del inciso a) del párrafo 2 del artículo 5 del Protocolo Facultativo: El Sr. Mora Rojas dijo que en el texto español se niega al Comité la posibilidad de examinar asuntos que ya hayan sido

desde 1978, el CDH ha aplicado y reiterado que la interpretación correcta y auténtica del término "sometido" en la versión en español, debe interpretarse conforme al objeto y propósito del PF-PIDCP a la luz de todas las demás versiones oficiales, por lo que dicho término debe entenderse en el sentido de que el mismo asunto "esté siendo examinado" por otro procedimiento de examen o arreglo internacionales.[65]

En conclusión, la interpretación uniforme del artículo 5.2.a) del PF-PIDCP adoptada por el Comité es que una comunicación es **inadmisible** mientras el mismo asunto *esté siendo examinado* por otro procedimiento de examen o arreglo internacionales convencional; por lo que –por argumento en contrario-, una comunicación es **ad-**

---

sometidos a otro procedimiento de examen o arreglo internacionales, por lo que, en el fondo, difiere de las versiones en los demás idiomas. (...) El orador abriga dudas acerca de la competencia del Comité para iniciar el procedimiento de corrección *motu propio* o hacer caso omiso de las contradicciones o errores en las versiones en ciertos idiomas y decidir aplicar el texto inglés. El Sr. Tomuschat dijo que 'Los pactos internacionales no pueden tener significados diferentes para los diferentes Estados partes. Sir Vincent Evans señaló que 'El que en la versión española se haya conservado un texto que se había enmendado en las demás versiones ha sido evidentemente un error. (...) no puede dejarse de advertir a los Estados de habla española de una cuestión que puede afectar su posición sobre una comunicación determinada o influir en su actitud con respecto a ratificar el Protocolo Facultativo o formular una reserva acerca de su ratificación'. Al final de las sesión el Presidente del Comité señaló que el informe podría reflejar el consenso de que el Comité trabajará sobre la base de los textos inglés, francés y ruso del inciso a) del párrafo 2 del artículo 5 del Protocolo Facultativo. El Sr. Opsahl puntualizó que el Comité no adoptó ninguna decisión en abstracto acerca de la interpretación del Protocolo Facultativo, ya que eso no entra dentro de su competencia."

[65] *Vgr.*, CDH. Casos *Joseph Semey c. España, cit.* párr. 8.3; y *Rafael Rodríguez Castañeda c. México, Comunicación Nº 2202/2012, del 18 de julio de 2013, Doc.* CCPR/C/108/D/2202/2012.

Disponible Versión Español en: http://tbinternet.ohchr.org/layouts/treatybodyexternal/Download.aspx?symbolno=A%2f69%2f40%20(Vol.I)&Lang= en Versión Inglés en:

http://docstore.ohchr.org/SelfServices/FilesHandler.ashx?enc=6QkG1d%2f PPRiCAqhKb7yhspbttFNxTkgvXTPJWIZn3vlRfLMgGO3rAlwv4kTPd0juftRs Q1pDtE01dorfUPI%2bnKzvVTZ3HMnzVR3Y3%2fmlgiVvqzZAGT%2fhGOq7 oRvvZeu4SbIONDUyv6Gls2Ky%2bAw58A%3d%3d

misible, cuando el mismo asunto ya *haya sido examinado* (decidido) por ese otro procedimiento internacional. *Esta regla de admisión de las comunicaciones por el Comité se aplica por tanto a todos los Estados partes del PF-PIDCP, excepto a aquéllos que (i) hayan formulado una reserva expresa a dicha norma; y que (ii) no renuncien –expresa o implícitamente- a oponer dicha reserva en la tramitación de una comunicación ante el CDH.*

2. Las reservas al artículo 5.2.a) del PF-PIDCP

De los 115 Estados Partes del PF-PIDCP, sólo 20 han formulado reservas a la regla uniforme sobre la admisión de las comunicaciones bajo el artículo 5.2.a),[66] conforme a la cual, el hecho de que otro órgano o procedimiento de arreglo internacional, incluidos los convencionales, hayan decidido el mismo asunto con anterioridad, no impide que la comunicación individual sea admitida y examinada. La mayoría de esos Estados que han formulado reservas expresas a la competencia y jurisdicción del CDH bajo el Protocolo Facultativo para conocer comunicaciones individuales cuando éstas hayan sido ya decididas por otros órganos de protección internacional de los derechos humanos, son 18 –de los 47– Estados Miembros del Consejo de Europa: Alemania, Austria, Dinamarca, Eslovenia, España, Francia, Islandia, Irlanda, Italia, Luxemburgo, Malta, Noruega, Polonia, Moldavia, Romania, Rusia, Suecia y Turquía; y los demás son, un estado africano: Uganda; y –de manera algo ambigua– un estado latinoamericano: El Salvador.[67]

---

[66] United Nations Treaty Collection, Chapter IV, Human Rights: 5. Optional Protocol to the International Covenant on Civil and Political Rights, New York, 16 December 1966, Declarations and Reservations. Disponible en: http://treaties.un.org/Pages/ViewDetails.aspx?src=TREATY&mtdsg_no=IV-5&chapter=4&lang=en

[67] La reserva formulada por El Salvador en la ratificación del PF-PIDCP sobre el particular es del siguiente contenido: "[…]; no teniendo tampoco competencia ese Comité, para conocer de comunicaciones y/o denuncias que *hayan sido sometidas* a otros procedimientos o arreglos internacionales de investigación" (cursivas añadidas). Esta reserva está contenida en el Decreto N° 321 de la Asamblea Legislativa de la República de El Salvador de fecha 30 de marzo de 1995 cuyo ejecútese fue dado por el Poder Ejecutivo de dicho Estado en fecha 7

En términos generales, las reservas formuladas por los Estados Partes al artículo 5.2.a) del PF-PIDCP consisten en expresar que el Comité no tendrá competencia para considerar las comunicaciones individuales, si el mismo asunto está siendo examinado o *ya ha sido decidido (examinado)* por otro procedimiento de investigación o arreglo internacionales.[68]

No obstante, aun y cuando un Estado parte del PF-PIDCP haya formulado la reserva expresa antes señalada, debe hacerla valer es decir oponerla, cuando responda los alegatos del autor de la comunicación individual en el procedimiento ante el Comité. De lo con-

---

de abril de 1995 mediante el cual se aprobó la ratificación del PF-PIDCP para su posterior depósito.

La versión en inglés de la reserva que aparece en el sitio oficial digital de tratados de las Naciones Unidas es la siguiente: "[…] The Committee being also without competence to examine communications and/or complaints which have been submitted to other procedures of international investigation or settlement." Disponible en: https://treaties.un.org/Pages/ViewDetails.aspx?src=TREATY& mtdsg_no=IV-5&chapter=4&lang= en#EndDec. Afirmamos que esta reserva es algo ambigua, ya que no es suficientemente claro su alcance al no expresar la inadmisibilidad de las comunicaciones por el hecho de que *hayan sido examinadas* por otro procedimiento de arreglo internacional. En ese sentido, si bien podría ser inadmisible una comunicación por el hecho de que el mismo asunto haya sido sometido a otro procedimiento de arreglo internacional y éste aun no haya sido decidido; podría dar lugar a dudas si una vez decidido aquél sigue aplicándose la excepción de inadmisibilidad de la comunicación con base en la reserva, ya que formalmente ya no estaría siendo "sometida" a ese otro procedimiento.

[68] Así por ejemplo, en el caso de la reserva de Francia: "France makes a reservation to article 5, paragraph 2(a), specifying that the Human Rights Committee shall not have competence to consider a communication from an individual if the same matter is being examined or has already been considered under another procedure of international investigation or settlement". Y en el caso de España: "The Spanish Government accedes to the Optional Protocol to the International Covenant on Civil and Political Rights, on the understanding that the provisions of article 5, paragraph 2, of that Protocol mean that the Human Rights Committee shall not consider any communication from an individual unless it has ascertained that the same matter has not been or is not being examined under another procedure of international investigation or settlement.." en United Nations Treaty Collection, CHAPTER IV, HUMAN RIGHTS: 5 .Optional Protocol to the International Covenant on Civil and Political Rights, New York, 16 December 1966, Declarations and Reservations , *doc. cit. supra 42.*

trario, el CDH entenderá que el Estado ha renunciado a dicha reserva y pasará a analizar la comunicación conforme a los requisitos normales de admisión y luego de fondo que hayan sido planteados. Así, en el caso *Semey vs. España,* el CDH tomó conocimiento que el autor de esa comunicación había interpuesto una denuncia ante el TEDH, la cual había sido declarada "inadmisible" por el no agotamiento de los recursos internos-.[69] De esta forma, al cerciorarse que el caso del señor Joseph Semey no estaba siendo examinado por el TEDH, el CDH "toma nota" de que el Estado parte "no invocó la reserva formulada respecto al párrafo 2.a) del artículo 5 del Protocolo Facultativo", y en consecuencia, declaró que "no existe tampoco impedimento en este sentido para que la comunicación sea admitida."[70]

En conclusión, el Comité tiene como regla procesal general la admisión de comunicaciones que se refieran a asuntos que hayan sido examinados por otros procedimientos de arreglo internacional; dicha regla general se aplica por tanto a todos los Estados partes del PF-PIDCP, excepto a aquéllos que (i) hayan formulado una reserva expresa a dicha norma y que (ii) no renuncien –expresa o implícitamente- a oponer dicha reserva en la tramitación de una comunicación ante el CDH.

---

[69] CDH. Caso *Joseph Semey c. España, cit.* párr. 2.8. Con relación al agotamiento de los recursos internos, el Comité reiteró su criterio de que la comunicación resultaba admisible, por cuanto el recurso de amparo no procedía como recurso de revisión de sentencias, conforme a sus propios dictámenes anteriores:

8.2. Con respecto a la exigencia del agotamiento de los recursos internos, el Comité toma nota de la impugnación de la comunicación realizada por el Estado Parte alegando la falta de agotamiento de los mismos. Sin embargo, es posición reiterada de este Comité que para que un recurso tenga que ser agotado éste ha de tener posibilidades de prosperar. El Comité considera, como lo hizo en el caso de *Cesáreo Gómez Vázquez contra España* (comunicación 701/1996) que existe jurisprudencia reiterada del Tribunal Constitucional español denegando el recurso de amparo en cuestión de revisión de sentencias, por lo que el Comité estima que no existe impedimento alguno para que la comunicación sea admitida.

[70] CDH. Caso *Joseph Semey c. España, cit.* párr 8.3.

VII. EL CASO *RAFAEL RODRÍGUEZ CASTAÑEDA VS. MÉXICO*

El Comité tuvo oportunidad de pronunciarse respecto a un país cuyo idioma oficial es el español (castellano), y que –a diferencia de España- no formuló reservas al PF-PIDCP con relación a su competencia para admitir comunicaciones relativas a asuntos que hayan sido previamente examinadas por otros procedimientos de arreglo internacional, con ocasión de su decisión en la Comunicación Nº 2202/2012 del caso *Rafael Rodríguez Castañeda vs. México*, cuyo dictamen fue aprobado por el CDH en su 108º de sesiones el 18 de julio de 2013.

Se trata de un caso relativo al acceso a la información de interés público sobre los resultados de las elecciones presidenciales celebradas en México el 2 de julio de 2006. Conforme a los hechos relatados en la comunicación, en virtud de que diversos partidos políticos impugnaron los resultados ante los Consejos Distritales del Instituto Federal Electoral (IFE), se procedió al recuento parcial de los votos mediante la intervención del Tribunal Electoral del Poder Judicial Federal (TEPJF), órgano judicial especializado y última instancia en materia electoral. El TEPJF finalmente declaró que, conforme a los resultados definitivos, los dos candidatos más votados habían obtenido el 35,89% y el 35,33% de los votos, de un total de 41.557.430 votos. Según el autor de la comunicación, como consecuencia de la intervención del TEPJF, la diferencia entre ambos candidatos que inicialmente había sido de 243.934 votos, se redujo finalmente a 233.831 votos. De manera similar, el número de votos nulos después de la revisión pasó de 904.604 a 900.373 votos. No obstante a esta revisión de votos, un sector de la sociedad siguió cuestionando los resultados y el número de votos emitidos, debido a diversos eventos sucedidos en las horas siguientes a la jornada electoral, como la falta de difusión de los resultados del conteo rápido y las inconsistencias en los resultados del Programa de Resultados Electorales Preliminares del IFE en torno al número de votos emitidos para elecciones presidenciales y de senadores. En ese contexto, el 28 de julio de 2006, Rafael Rodríguez Castañeda, periodista de la revista *Proceso*, solicitó a la Unidad de Enlace del IFE en Materia de Transparencia y Acceso a la Información, con base en la Ley Federal de Transparencia y Acceso a la Información Pública Gubernamental, el acceso a las boletas sobrantes, inutilizadas y los votos válidos y nulos en todas las casillas instaladas durante la jornada electoral del 2 de julio de 2006, inmediatamente después de que el TEPJF concluyera el dictamen sobre la validez de los comicios presidenciales. Con ese fin, Rodríguez Castañeda solicitó el acceso a los locales de los 300 distritos electorales del país para que se contabilizaran de nuevo las boletas de las elecciones presidenciales. El 1 de septiembre de 2006, el IFE determinó que el acceso a las boletas electorales por Rodríguez Castañeda no era posible, debido a que el proceso electoral no había concluido y el mismo se encontraba bajo consideración ante el TEPJF. Frente a ello, Rodríguez Castañeda ejerció un recurso de amparo al derecho al acceso a la información pública, el cual fue denegado y cuya sentencia de primera instancia fue confirmada finalmente el 11 de mayo de 2008 por la Suprema Corte de Justicia. Con posterioridad, el 3 de octubre de 2012, el Consejo General del IFE emitió el Acuerdo General CG Nº 660/2012, autorizando la destrucción de las boletas electorales de las elecciones presidenciales de 2006, entre el 12 y el 26 de noviembre de 2012.

1. *La cuestión de admisibilidad: la decisión previa por la CIDH*

El 25 de octubre de 2012, Rafael Rodríguez Castañeda presentó su comunicación al Comité, tomando en consideración que el 2 de noviembre de 2011 la CIDH había declarado inadmisible su petición sobre el mismo asunto contra los Estados Unidos de Mexicanos ("Estado mexicano", "México" o el "Estado").[71]

En efecto, conforme el 24 de abril de 2008, el autor había presentado una denuncia conjuntamente con una solicitud de medidas cautelares ante la CIDH, alegando que se habían violado sus derechos reconocidos en la CADH de acceso a la información (arts. 13.1 y 13.2) y a un recurso efectivo (art. 25.1), ambos en relación con su

---

[71] CIDH. Informe Nº 165/11 (Petición 492-08), Inadmisibilidad, caso *Rafael Rodríguez Castañeda vs. México*, de 2 de noviembre de 2011. Disponible en: http://www.oas.org/es/cidh/decisiones/inadmisibilidades.asp

derecho a las garantías judiciales (art. 8.1) y las obligaciones generales del Estado (arts. 1.1 y 2). El 2 de julio de 2008, la CIDH le solicitó al Estado que adoptara las medidas cautelares para suspender la destrucción de las boletas electorales de las referidas elecciones presidenciales del 2 de julio de 2006 (párr. 2.10). Finalmente, el 2 de noviembre de 2011, la CIDH había declarado "inadmisible" la petición de Rodríguez Castañeda con fundamento en que el peticionario no exponía hechos que caracterizaran una violación de los derechos garantizados por la CADH.[72]

En importante reseñar que en este caso también el Comité adoptó *medidas provisionales* de protección anticipada. En efecto, el 31 de octubre de 2012, el relator especial sobre nuevas comunicaciones y medidas provisionales, actuando en nombre del CDH con base el artículo 92 de su reglamento, le solicitó al Estado parte que suspendiera la destrucción de las boletas electorales de la elección del 2 de julio de 2006, mientras la comunicación estuviera siendo examinada por el Comité. Estas medidas fueron atendidas y por tanto fueron cumplidas por el Estado mexicano, mediante la decisión adoptada por el Consejo General del IFE en la cual acordó suspender la destrucción de las boletas electorales de la citada elección.[73] No obstante del cumplimiento de las medidas provisionales, el Estado a través de su representación en el caso expresó una suerte de protesta ante el Comité, por considerar que éste se había "extralimitado" en sus facultades al formular tal solicitud, en virtud de que, "por una parte, no se encontraba frente a un caso que impli-

---

[72]   CDH. Caso *Rafael Castañeda c. México*, *cit.* párr. 2.12; en el cual Comité además reseñó lo siguiente: "La CIDH consideró que las actas de escrutinio y cómputo elaboradas en cada mesa electoral, puestas a disposición del autor, reflejaban de manera sistematizada la información contenida en las boletas electorales. Siendo que, de acuerdo a su jurisprudencia, el acceso a la información comprende tanto el acceso al dato procesado como el acceso a la información en bruto, la CIDH concluyó que la información proporcionada por el Estado parte satisfacía o podía haber satisfecho la necesidad del autor de acceder a la información y que este no había aportado elementos para demostrar por qué dicha información no le habría servido."

[73]   CIDH. Informe N° 165/11 (Petición 492-08), Inadmisibilidad, caso *Rafael Rodríguez Castañeda vs. México*, párrs. 1.2 y 1.3.

cara un peligro para la vida, la integridad física o la seguridad de la persona y, por otra parte, no dio a conocer aquellos criterios o parámetros objetivos que le permitieron determinar la inminencia del daño irreparable al derecho del autor, ni mucho menos aportó pruebas de la existencia de una situación de gravedad o urgencia."[74]

En conclusión, a pesar de que el autor de la comunicación ante el CDH había presentado anteriormente una petición a la CIDH sobre el mismo asunto, para el momento de la presentación de la comunicación al CDH no existía denuncia alguna que estuviera siendo examinada por otro procedimiento de examen o arreglo internacional.

A pesar de que las reglas de interpretación uniforme del artículo 5, párrafo 2. a) del PF-PIDCP eran para ese momento claras, es decir, que las comunicaciones ante el Comité son inadmisibles mientras el mismo asunto está siendo examinado por otro procedimiento de arreglo internacional, y por tanto, una vez decidido ese asunto, sí son admisibles por el CDH; sin embargo, de la información obtenida, era la primera vez que este tema se presentaba para su decisión respecto a un Estado Parte cuyo idioma oficial es el español (castellano) y el cual no había formulado una reserva respecto a esta norma -al igual que el resto de los países latinoamericanos con la posible excepción de El Salvador-. Ello posiblemente explica la fuerte reacción del Estado mexicano quien se opuso enérgicamente a la admisión de la comunicación por tratarse de un asunto que ya había sido examinado y declarado inadmisible por la CIDH, por lo que conforme a su lectura del PF-PIDCP no debía ser admitido por el CDH.

No obstante, el Comité anteriormente había tenido oportunidad de examinar la admisibilidad de comunicaciones que habían sido decididas previamente por la CIDH respecto a Estados cuyo idioma oficial es el inglés.[75]

---

[74] CIDH. Informe N° 165/11 (Petición 492-08), Inadmisibilidad, caso *Rafael Rodríguez Castañeda vs. México*, párr. 4.11.

[75] *Vgr*. CIDH. Comunicación N° 349/1989, *Wright vs. Jamaica,* dictamen aprobado el 27 de julio de 1992, el cual está vinculado con la resolución (infor-

2. *Las observaciones del Estado sobre la admisibilidad*

El Estado mexicano formuló las siguientes observaciones que reseñamos a continuación, con base en las cuales solicitó se declarase la comunicación inadmisible en virtud del artículo 5, párrafo 2 a), o, en su defecto, del artículo 3 del Protocolo Facultativo:[76]

1. Que el mismo asunto ya había sido sometido a otro procedimiento de examen o arreglo internacional por el mismo autor, cuando éste recurrió mediante una petición ante la CIDH la cual "es un órgano de carácter internacional, público, cuasijudicial e independiente, cuya naturaleza está comprendida dentro de los procedimientos de examen o arreglo internacional a que se refiere el artículo 5, párrafo 2 a), del Protocolo Facultativo" (párr.4.2).

2. Que si bien el Comité ha reconocido que existen discrepancias entre los textos en español, francés e inglés del párrafo 2 a) del artículo 5 del el PPF-PIDCP,[77] no existe "ninguna jerarquía, preferencia o prelación entre los textos a los que se refiere el artículo 14, párrafo 1, siendo todos igualmente auténticos." En este sentido el Estado alegó que de acuerdo a la CVDT, un texto debe ser interpretado de buena fe conforme al sentido corriente que haya de atribuirse a los términos del tratado en el contexto de estos y teniendo en cuenta su objeto y fin. Más aun, conforme al artículo 33, párrafo 3, de dicha Convención, la versión auténtica en idioma español y su contenido se presume en el mismo sentido que el resto de las versiones. En este contexto, y siendo el Español (castellano) el idioma oficial de México como Estado parte, "la adhesión del Estado parte al Protocolo se realizó con base al texto en idioma español, obligándose en los términos de este texto. Por tan-

---

me) N° 29/88, *Clifton Wright v Jamaica*, adoptado por la CIDH de fecha 28 de abril de 1989, disponible en: http://www.cidh.oas.org/annualrep/87.88sp/Jamaica9260.htm

[76] CDH, Caso *Rafael Rodríguez Castañeda c. México, cit.* párrs. 4.1 a 4.11.

[77] El Comité en su nota al pie de página en este párrafo de su dictamen hace la siguiente referencia: "El autor se refiere a la comunicación N° 986/2001, *Semey c. España*, dictamen aprobado el 30 de julio de 2003."

to, el Estado parte en ningún modo está obligado por los textos auténticos en otros idiomas del Protocolo Facultativo" (párr. 4.3). En todo caso, -afirmó el Estado- la interpretación adoptada por el Comité[78] "era unilateral y en ningún modo oponible a los Estados partes en el Protocolo Facultativo"; y añadió, que además "este punto no ha sido tratado en las reuniones de los Estados partes ni en ninguna otra oportunidad, que permita suponer o inferir el acuerdo o la aquiescencia, explícita o implícita, de los Estados partes con la interpretación adoptada por el Comité." En virtud de lo anterior, el Estado mexicano concluyó alegando, que el texto auténtico en idioma español es la versión válida del PF-PIDCP para México y para todos los Estados que lo han ratificado en español (párr. 4.4).

3. Que al adherirse al PF-PIDCP, México como Estado parte, no formuló una reserva respecto al párrafo 2.a) del artículo 5, para excluir la competencia del Comité cuando el asunto ha sido sometido a otro procedimiento de examen o arreglo internacionales, debido a que "su adhesión se basó en el texto en idioma [español], con el que concordaba y por el que se obligó. Habría sido absurdo que presentase una reserva para que se entendiera lo que ya establecía claramente el texto del Protocolo Facultativo" (párr. 4.5).

4. Que se trata de un asunto ya decidido por la CIDH al desestimar la denuncia del autor no sólo por razones de admisibilidad, sino que además examinó los asuntos de fondo de la petición no encontrando pruebas de violación de los derechos humanos del autor (párr 4.6). En este sentido el Estado alegó que en cuanto al fondo de la comunicación, la petición presentada por el mismo autor ante la CIDH, "versó sobre los mismos hechos y controversias jurídicas que trae ante el Comité."[79]

---

[78] El Comité en su nota al pie de página en este párrafo de su dictamen hace la siguiente referencia: *"Documentos oficiales de la Asamblea General, trigésimo cuarto período de sesiones, Suplemento N° 40* (A/34/40), 1979, párr. 584 (véase CCPR/C/SR.88, de 24 de julio de 1978)."

[79] El Comité reseña los argumentos del Estado respecto al fondo del asunto ya decidido por la CIDH y presentado por el autor de la comunicación, en los siguientes términos: "La CIDH evaluó las alegaciones presentadas con relación al

5. Que el autor de la comunicación en realidad lo que busca es "constituir al Comité en una instancia revisora de las decisiones de fondo del sistema interamericano de derechos humanos", dado que el derecho que considera violado bajo el PIDCP es sustancialmente idéntico en la CADH (párr. 4.10). Ante el argumento del autor de la comunicación de que en todo caso lo que se buscaba era aplicar la norma de derechos humanos más favorable (en este caso alegadamente en el PIDCP), el Estado manifestó estar en desacuerdo con este alegato ya que en su parecer "lo que está en discusión no es la aplicación de dos normas diferentes, sino la cues-

---

derecho a la información de manera sustancial y concluyó que la información contenida en las actas electorales de las elecciones de 2006, a disposición del autor, satisfacía el derecho del autor de acceder a la información. A este respecto, el Estado parte reitera los argumentos que en su día presentó ante la CIDH, en particular, que en el proceso electoral de 2006 se garantizó el derecho de acceso a la información del autor y de los ciudadanos en general a través del sistema de información de los resultados electorales. El contenido de las boletas se refleja en las actas de escrutinio y cómputo que consignan los resultados de la votación, preparadas por ciudadanos elegidos aleatoriamente. Todas las actas del proceso electoral de 2006, así como el cómputo de votos por distrito, son públicas y accesibles. Las actas reflejan la voluntad de los ciudadanos electores consignando el número de votos emitidos a favor de cada candidato, del número de votos nulos y del número de boletas no utilizadas. Además, las sesiones de escrutinio tienen lugar en presencia de los representantes de los partidos políticos y, en su caso, de observadores electorales." (párr. 4.7); y […] 4.8 La publicidad y transparencia de los resultados electorales se encuentra garantizada por las normas que al efecto establece el COFIPE. El acceso público a los resultados electorales tiene lugar incluso antes que los resultados electorales alcancen su carácter definitivo. Una vez realizado el escrutinio y cómputo, los resultados electorales son plasmados en avisos que son fijados en las mesas directivas de casilla, en los consejos distritales y locales, así como en las actas de escrutinio y cómputo. 4.9 Las boletas electorales no son de acceso público y el COFIPE establece su destrucción, una vez concluido el proceso electoral. Las legislaciones electorales de otros Estados de la región establecen procesos específicos de destrucción de boletas electorales y que tal acto no puede considerarse como una vulneración del derecho de acceso a la información, ya que la destrucción de las boletas es una medida racional en tanto que está relacionada con el carácter definitivo de los procesos electorales y con poner fin a los costos de manejo y conservación de las boletas electorales."

tión de saber si debe aplicarse el texto igualmente auténtico de un tratado internacional en idioma [español]."[80]

6. Que la presentación del caso ante el Comité seis años después de que el último recurso de la jurisdicción interna fuera agotado, constituye un "abuso de derecho" y por tanto una causal de inadmisibilidad de la comunicación con base en el artículo 3 del PF-PIDCP.[81]

Aunque ni el PF ni el PIDCP establecen plazos perentorios para la presentación de comunicaciones, la respuesta y la decisión sobre este último argumento del Estado era de suma importancia, dado que en la gran mayoría de los casos, su tramitación ante una instancia de arreglo internacional luego del agotamiento de los recursos internos, suele tardar un lapso de varios años. Por lo cual, si se consideraba procedente este argumento del Estado sobre el abuso de derecho por la presentación de la comunicación luego de un lapso de tiempo considerable transcurrido hasta que haya podido ser examinado el caso por otro procedimiento internacional, entonces nunca sería viable su presentación ante el Comité.

3. Los comentarios del autor de la comunicación

Ante las observaciones formuladas por México a la comunicación presentada ante el Comité, el autor a su vez presentó sus comentarios, que reseñamos a continuación, reiterando su admisión de conformidad con el artículo 5, párrafo 2. a) del PF-PIDCP:

1. Que si bien el Estado cita el artículo 33 de la CVDT, parece no aceptar las otras normas que rigen la interpretación de los tratados, en especial que "cuando el texto de un tratado es auténtico en varios idiomas, todos ellos se suponen con igual sentido, a menos que se revele una diferencia que no pueda resolverse conforme a los artículos 31 y 39 de la Convención [de Viena]" (párr. 5.2). En este sentido, las discrepancias existentes entre los textos auténticos, incluido el texto en idioma español, "deben disiparse mediante la

---

[80] CDH. Caso *Rafael Rodríguez Castañeda c. México, cit*. párr.4.6.

[81] CDH. Caso *Rafael Rodríguez Castañeda c. México, cit*. párr. 4.10.

conciliación de los textos teniendo en cuenta el objeto y fin del Pacto y del Protocolo Facultativo, a la luz de los principios de buena fe, efecto útil y *pro persona*", por lo cual, las discrepancias sobre el artículo 5.2.a) "deben resolverse favoreciendo la admisibilidad de las comunicaciones para proteger a las personas y sus derechos" (párr. 5.3).

2. Que la interpretación imperante del artículo 5, párrafo 2.a), del PF-PIDCP solamente es aceptable como causal de inadmisibilidad de una comunicación, cuando la cuestión *está siendo conocida o examinada* por otro procedimiento de examen o arreglo internacional, a menos que se haya formulado una declaración o reserva en contrario en su debido momento. En este sentido, "varios Estados partes de otras regiones, incluidos dos cuyo idioma oficial es el [español], en su momento formularon reservas o declaraciones sobre la disposición en cuestión." (párr. 5.4). Ello evidencia, que todos los Estados partes del PF-PIDCP cuyo idioma oficial es el español (castellano), conocían y conocen de esa interpretación imperante de la norma en cuestión y sobre esa base, sólo dos de ellos decidieron formular la reserva correspondiente.

3. Que la anterior interpretación auténtica se evidencia además de la jurisprudencia del Comité, con ocasión de las comunicaciones cuyos asuntos fueron tratados previamente por otra instancia internacional, con base en la norma establecida en el artículo 96, párrafo e) de su reglamento, conforme a la cual le corresponde al Comité determinar su propia competencia para decidir la admisión de una comunicación, cuando haya constatado "que el mismo asunto no está siendo examinado ya en el marco de otro procedimiento de examen o arreglo internacionales" (párr. 5.5).

4. Que la semejanza que puedan tener los derechos contenidos en diversos tratados internacionales de derechos humanos, no puede ser un obstáculo para que las supuestas víctimas pretendan la reparación de las violaciones a sus derechos. Por el contrario, "de acuerdo al principio *pro persona*, ninguna disposición de un tratado internacional de derechos humanos puede tomarse como pretexto para reducir los estándares de protección que resulten más favorables provenientes de otro ámbito, lo que incluye la procedencia de

los procedimientos previstos para su salvaguarda." (párr. 5.7). En todo caso, el autor aclaró que "[l]a CIDH no se pronunció sobre el fondo de la denuncia del autor sino que se limitó a realizar un análisis primario para determinar su inadmisibilidad, sin que ello prejuzgara del fondo de la denuncia" (párr. 5.8).

5. Que la presentación de la comunicación no constituye un abuso de derecho de acuerdo al artículo 96, párrafo c), del reglamento del Comité, debido a que los recursos internos se agotaron el 11 de marzo de 2008 con la decisión de la CSJ que declaró improcedente su demanda de amparo; pero el procedimiento internacional ante la CIDH concluyó el 2 de noviembre de 2011 (párr. 5.6).

4. *La decisión del Comité*

El Comité antes de adoptar su decisión de fondo de una comunicación, y de conformidad con el artículo 93 de su reglamento, debe examinar previamente si la misma es admisible en virtud de las normas PF-PIDCP. En este caso, el CDH consideró los argumentos formulados por el autor de la comunicación y por el Estado con relación a la admisión de la comunicación presentada, dado que el asunto planteado en la misma era idéntico al que había sido presentado previamente por el mismo autor ante la CIDH y que ésta lo había declarado inadmisible.

Dada la discrepancia planteada entre las partes sobre la interpretación de la norma sobre admisión de las comunicaciones presentadas ante el Comité, contenida en el artículo 5.2.a) del PF-PIDCP y concretamente la objeción a la admisión de la comunicación por el hecho de que ya había sido examinada previamente por la CIDH –declarándola inadmisible–, y además, por tratarse del primer caso sobre este asunto que se presentaba respecto a un país de con idioma español (castellano) que no había formulado reserva a la referida norma, el CDH tomó especial cuidado en motivar expresamente su decisión sobre la admisión.

En el presente caso, el Comité concluyó que la comunicación era *admisible* de conformidad con lo dispuesto en el artículo 5.2.a) del PF-PIDCP, ya que este asunto no estaba siendo examinado por otro procedimiento de arreglo internacional, dado que el 2 de noviembre de 2011 la CIDH había terminado su examen declarando inadmisible la petición del autor, y que, había sido posteriormente, el 25 de octubre de 2012, cuando el autor había presentado su comunicación al Comité. Así mismo, el Comité ratificó su jurisprudencia con relación a la interpretación uniforme de la norma contenida en el citado artículo del PF-PIDCP en el texto en español, por su posible discrepancia respecto al mismo artículo en los textos de este instrumento en todos los demás idiomas oficiales. En este sentido, el Comité reiterando su jurisprudencia anterior en el caso *Semey c. España*,[82] expresó que la diferencia debe resolverse conciliando los textos auténticos, habida cuenta del objeto y fin del tratado.[83] En consecuencia, el Comité reiteró su interpretación, en el sentido de que la expresión en el texto español "ha sido sometido" debe interpretarse en forma armónica con todas las demás versiones oficiales auténticas, por lo que debe entenderse en el sentido de que "esté siendo examinado" por otro procedimiento de examen o arreglo internacionales.

El Comité reiteró su jurisprudencia sobre la interpretación uniforme del artículo 5.2.a) de PF-PIDCP en los siguientes términos:

> 6.3 El Comité considera que el texto del artículo 5, párrafo 2.a), del Protocolo Facultativo en idioma español, que establece que el Comité "no examinará ninguna comunicación de un individuo a menos que se haya cerciorado de que… el mismo asunto *no ha sido sometido* ya a otro procedimiento de examen o arreglo internacionales", puede dar lugar a una interpretación del sentido de este párrafo diferente de los textos en otros idiomas.[(*)] El Comité considera que tal diferencia debe

---

[82] CDH. Caso *Semey c. España, cit.*

[83] De conformidad con el artículo 33 de la CVDT sobre la Interpretación de los tratados autenticados en dos o más idiomas, "[…] 4. Salvo en el caso en que prevalezca un texto determinado conforme a lo previsto en el párrafo 1, cuando la comparación de los textos auténticos revele una diferencia de sentido que no pueda resolverse con la aplicación de los artículos 31 y 32, se adoptará el sentido que mejor concilie esos textos, habida cuenta del objeto y del fin del tratado."

[(*)] El Comité hizo una referencia en el pie de página a los textos auténticos en inglés: "The same matter is not being examined under another procedure of international investigation or settlement"; en francés: "La même question n'est pas déjà en cours d'examen devant une autre instance internationale d'enquête ou

resolverse de acuerdo al artículo 33, párrafo 4, de la Convención de Viena sobre el derecho de los tratados de 1969, adoptando el sentido que mejor concilie los textos auténticos, habida cuenta del objeto y fin del tratado. El Comité recuerda su jurisprudencia de que la expresión "ha sido sometido", en el texto en español, debe interpretarse a la luz de las otras versiones, por lo que debe entenderse como que "está siendo examinado" por otro procedimiento de examen o arreglo internacional,[**] y considera que esta interpretación concilia el sentido del artículo 5, párrafo 2 a), de los textos auténticos a los que se refiere el artículo 14, párrafo 1, del Protocolo Facultativo. Por consiguiente, el Comité estima que no existe impedimento a la admisibilidad de la comunicación con arreglo al artículo 5, párrafo 2 a), del Protocolo Facultativo.

Con relación a la excepción de inadmisibilidad de la comunicación opuesta por el Estado por el supuesto "abuso de derecho" con base en el artículo 3 del PF-PIDCP por haberse presentado seis años después del agotamiento de los recursos internos, el Comité decidió la admisión de la comunicación, reiterando igualmente su jurisprudencia y la disposición contenida en el artículo 96.c) de su reglamento, conforme a lo cual solo podrá constituir un abuso de derecho, la presentación de una comunicación tres años después de la conclusión del otro procedimiento de examen o arreglo internacionales, a menos de que la demora se justifique con base en todas las circunstancias de la comunicación.[84] Por lo tanto, en el caso bajo

---

de règlement"; y en ruso: "в соответствии с международного разбирательства или урегулирования".

[**] El Comité hizo una referencia en el pie de página a la "Comunicación Nº 986/2001, *Semey c. España*, dictamen aprobado el 30 de julio de 2003, párr. 8.3."

[84] Al respecto, la referida norma del *Reglamento del Comité* dispone lo siguiente:

Artículo 96. Para decidir sobre la admisibilidad de una comunicación, el Comité o un grupo de trabajo establecido con arreglo al artículo 95, párrafo 1, del presente reglamento comprobarán:

[...]

c) Que la comunicación no constituye un abuso del derecho a presentar una comunicación. En principio, la demora en presentar una comunicación no puede invocarse como base de una decisión de inadmisibilidad *ratione temporis* fundada

análisis la comunicación resultó admisible conforme a este criterio, ya que la CIDH había declarado inadmisible la petición del autor en fecha 2 de noviembre de 2011, y –en menos de un año– el 25 de octubre de 2012, el autor presentó su comunicación al Comité. En efecto, el Comité expresó sobre el particular el siguiente criterio:

> 6.5 El Comité toma nota de los argumentos del Estado parte de que la comunicación debe declararse inadmisible en virtud del artículo 3 del Protocolo Facultativo por constituir un abuso del derecho a presentar una comunicación, debido a que fue presentada seis años después de que el último recurso de la jurisdicción interna fuera agotado, y a que intenta constituir al Comité en una instancia revisora de una decisión de la Comisión Interamericana de Derechos Humanos. El Comité observa que el 2 de noviembre de 2011 la Comisión Interamericana declaró inadmisible la denuncia del autor, y que, posteriormente, el 25 de octubre de 2012, el autor presentó su comunicación al Comité. En consecuencia, *habiéndose presentado la comunicación dentro del plazo de tres años a contar de la conclusión de otro procedimiento de examen o arreglo internacional, el Comité considera que, según lo establecido en el artículo 96 c) de su reglamento, la fecha de presentación de la comunicación respecto al agotamiento de los recursos internos y de la decisión de otro órgano internacional, no constituye un abuso del derecho a presentar comunicaciones.* (Cursivas añadidas).

Si bien el Comité declaró admisible la comunicación conforme al artículo 5.2.a) del PF-PIDCP, al proseguir su examen sobre los demás requisitos de admisibilidad de la comunicación, concluyó que ésta era inadmisible en virtud de estar "insuficientemente fundada" la denuncia de violación del derecho a la protección judicial o derecho a la tutela judicial efectiva (arts. 2, párrafo 3 a) y b) y 14 del PIDCP);[85] e igualmente declaró inadmisible la denuncia por vio-

---

en el abuso del derecho a presentar una comunicación. Sin embargo, podrá constituir abuso de ese derecho la presentación de una comunicación 5 años después del agotamiento de los recursos internos por su autor o, en su caso, **3 años después de la conclusión de otro procedimiento de examen o arreglo internacionales, a menos que la demora esté justificada habida cuenta de todas las circunstancias de la comunicación.** […] (Resaltados añadidos).

[85]   CDH. Caso *Rafael Rodríguez Castañeda c. México, cit.* párr.6.7

lación autónoma de las obligaciones generales de los Estados partes bajo el artículo 2 del PIDCP, conforme a su jurisprudencia previa.[86]

A pesar de la declaración de admisión de la comunicación respecto a la denuncia de las violaciones al derecho al acceso a la información (art. 19.2, PIDCP) por cumplir con los requisitos del PF-PIDCP,[87] el Comité finalmente no encontró que los hechos del caso configuraban una violación del derecho a la libertad de expresión en su dimensión que comprende la libertad de buscar, recibir y difundir informaciones, reconocida en el artículo 19.2 del PIDCP.[88]

VIII. CONCLUSIÓN

Las reglas sobre tramitación de las comunicaciones individuales ante el CDH, permiten que la admisión de las quejas que contengan asuntos que hayan sido decididos previamente por otros órganos de

---

[86] CDH, Caso *Rafael Rodríguez Castañeda c. México, cit.* párr. 6.8. En este particular el Comité invocó su jurisprudencia en los casos contenidos en las "comunicaciones N° 1834/2008, A. P. c. Ucrania, decisión adoptada el 23 de julio de 2012, párr. 8.5; y N° 1887/2009, Juan Peirano Basso c. el Uruguay, dictamen aprobado el 19 de octubre de 2010, párr. 9.4."

[87] CDH, Comunicación N° 2202/2012, *Rafael Rodríguez Castañeda vs. México*, párr.6.6

[88] Luego de su análisis, el Comité concluyó lo siguiente (CDH. Comunicación N° 2202/2012, *Rafael Rodríguez Castañeda c. México*):

7.7 En vista de la existencia de un mecanismo legal para verificar el recuento de votos, que se utilizó en las elecciones en cuestión; del hecho de que se facilitaron al autor las actas de escrutinio y cómputo redactadas por ciudadanos seleccionados al azar en cada casilla de los 300 distritos electorales del país; de la naturaleza de la información y de la necesidad de preservar su integridad; y de las complejidades de proveer acceso a la información solicitada por el autor, el Comité considera que la denegación de acceso a la información solicitada, en forma de boletas físicas, tenía por finalidad garantizar la integridad del proceso electoral en una sociedad democrática. Esta medida constituyó una restricción proporcionada impuesta por el Estado parte, necesaria para proteger el orden público de acuerdo con la ley y hacer efectivos los derechos de los electores reconocidos en el artículo 25 del Pacto. Por consiguiente, dadas las circunstancias, el Comité considera que los hechos que tiene ante sí no ponen de manifiesto una vulneración del artículo 19, párrafo 2, del Pacto.

protección internacional de derechos humanos. Por lo cual, si bien un caso no puede ser admitido por el CDH *mientras esté siendo examinado* por otro procedimiento de arreglo o examen internacionales, una vez decidido, el mismo puede ser presentado ante aquél para su admisión y examen.

Para que esa admisión sea posible ante el Comité, el Estado parte del PF-PIDCP no debe haber formulado una reserva al artículo 5.2.a), y en caso de que la haya formulado, debe renunciar (expresa o tácitamente) a oponerla durante la tramitación del caso ante el CDH. Por lo cual, si un Estado parte del PF-PIDCP formuló una reserva al citado artículo 5.2.a) pero no la opone durante la tramitación del caso, el mismo igualmente será admisible por el CDH.

Conforme al Reglamento del CDH, un caso que haya sido examinado y decidido por otro órgano de arreglo internacional, debe ser presentado ante el CDH dentro de los tres (3) años siguientes para que sea admisible y no configure un "abuso de derecho", a menos que "la demora esté justificada habida cuenta de todas las circunstancias de la comunicación" (art. 96.c).

El texto del PF-PIDCP en su versión oficial auténtica en idioma español presenta una discrepancia con todas las demás versiones auténticas del mismo instrumento, por cuanto su artículo 5.2.a) gramaticalmente expresa que el CDH no examinará ninguna comunicación, a menos de que "[e]l mismo asunto *no ha sido sometido* ya a otro procedimiento de examen o arreglo internacionales" (cursivas añadidas). Las versiones oficiales y auténticas del PF-PIDCP en los idiomas inglés, francés, chino y ruso, expresan que el CDH no examinará ninguna comunicación a menos de que "[e]l mismo asunto *no está siendo examinado* por otro procedimiento de investigación o arreglo internacionales" (cursivas añadidas). El Comité, con base en lo dispuesto en el artículo 33.4 la CVDT, ha adoptado una interpretación uniformadora, el sentido que mejor concilia los textos, habida cuenta del objeto y del fin del tratado. En efecto, se trata de una interpretación *pro persona* o progresiva, compatible con la interpretación de las normas relativas a los derechos humanos y su protección. Esta interpretación unificada del artículo 5.2.a) válida para todas las versiones auténticas del PF-PIDCP incluida la del texto en español, consiste en entender que una comunicación es inadmisible ante el CDH, si el mismo asunto *está siendo exami-*

nado por otro procedimiento de investigación o arreglo internacionales; por lo cual, una vez examinado y por tanto decidido por esos otros procedimientos internacionales, el mismo caso sí es admisible ante el CDH.

En todo caso, la comunicación sí es admisible ante el Comité si el asunto que está siendo examinado por los otros procedimientos internacionales no guarda una identidad plena en todos sus elementos. Para que esa identidad sea considerada el "mismo asunto", requiere ser igual en: los sujetos (víctima y Estado), el objeto (instrumentos internacionales y derechos reclamados) y la causa (los hechos).

En todo caso, aun y cuando exista identidad, el mismo asunto sí puede ser planteado ante los procedimientos internacionales especiales no convencionales (grupos de de trabajo y relatores) y –simultáneamente o con posterioridad- ante el CDH, ya que en todo caso se trata de instrumentos de distinta naturaleza y efecto jurídico.

ANEXOS

PACTO INTERNACIONAL
DE DERECHOS CIVILES Y POLÍTICOS

Adoptado y abierto a la firma, ratificación y adhesión por la Asamblea General en su resolución 2200 A (XXI), de 16 de diciembre de 1966 (texto completo).

Entrada en vigor: 23 de marzo de 1976.

Preámbulo

Los Estados Partes en el presente Pacto,

Considerando que, conforme a los principios enunciados en la Carta de las Naciones Unidas, la libertad, la justicia y la paz en el mundo tienen por base el reconocimiento de la dignidad inherente a todos los miembros de la familia humana y de sus derechos iguales e inalienables,

Reconociendo que estos derechos se derivan de la dignidad inherente a la persona humana,

Reconociendo que, con arreglo a la Declaración Universal de Derechos Humanos, no puede realizarse el ideal del ser humano libre en el disfrute de las libertades civiles y políticas y liberado del temor y de la miseria, a menos que se creen condiciones que permitan a cada persona gozar de sus derechos civiles y políticos, tanto como de sus derechos económicos, sociales y culturales,

Considerando que la Carta de las Naciones Unidas impone a los Estados la obligación de promover el respeto universal y efectivo de los derechos y libertades humanos,

Comprendiendo que el individuo, por tener deberes respecto de otros individuos y de la comunidad a que pertenece, tiene la obligación de esforzarse por la consecución y la observancia de los derechos reconocidos en este Pacto,

Convienen en los artículos siguientes:

Parte I

Artículo 1

1. Todos los pueblos tienen el derecho de libre determinación. En virtud de este derecho establecen libremente su condición política y proveen asimismo a su desarrollo económico, social y cultural.

2. Para el logro de sus fines, todos los pueblos pueden disponer libremente de sus riquezas y recursos naturales, sin perjuicio de las obligaciones que derivan de la cooperación económica internacional basada en el principio del beneficio recíproco, así como del derecho internacional. En ningún caso podrá privarse a un pueblo de sus propios medios de subsistencia.

3. Los Estados Partes en el presente Pacto, incluso los que tienen la responsabilidad de administrar territorios no autónomos y territorios en fideicomiso, promoverán el ejercicio del derecho de libre determinación, y respetarán este derecho de conformidad con las disposiciones de la Carta de las Naciones Unidas.

Parte II

Artículo 2

1. Cada uno de los Estados Partes en el presente Pacto se compromete a respetar y a garantizar a todos los individuos que se encuentren en su territorio y estén sujetos a su jurisdicción los derechos reconocidos en el presente Pacto, sin distinción alguna de raza, color, sexo, idioma, religión, opinión política o de otra índole, origen nacional o social, posición económica, nacimiento o cualquier otra condición social.

2. Cada Estado Parte se compromete a adoptar, con arreglo a sus procedimientos constitucionales y a las disposiciones del presente Pacto, las medidas oportunas para dictar las disposiciones legislativas o de otro carácter que fueren necesarias para hacer efectivos los derechos reconocidos en el presente Pacto y que no estuviesen ya garantizados por disposiciones legislativas o de otro carácter.

3. Cada uno de los Estados Partes en el presente Pacto se compromete a garantizar que:

a) Toda persona cuyos derechos o libertades reconocidos en el presente Pacto hayan sido violados podrá interponer un recurso efectivo, aun cuando tal violación hubiera sido cometida por personas que actuaban en ejercicio de sus funciones oficiales;

b) La autoridad competente, judicial, administrativa o legislativa, o cualquiera otra autoridad competente prevista por el sistema legal del Estado, decidirá sobre los derechos de toda persona que interponga tal recurso, y desarrollará las posibilidades de recurso judicial;

c) Las autoridades competentes cumplirán toda decisión en que se haya estimado procedente el recurso.

Artículo 3

Los Estados Partes en el presente Pacto se comprometen a garantizar a hombres y mujeres la igualdad en el goce de todos los derechos civiles y políticos enunciados en el presente Pacto.

Artículo 4

1. En situaciones excepcionales que pongan en peligro la vida de la nación y cuya existencia haya sido proclamada oficialmente, los Estados Partes en el presente Pacto podrán adoptar disposiciones que, en la medida estrictamente limitada a las exigencias de la situación, suspendan las obligaciones contraídas en virtud de este Pacto, siempre que tales disposiciones no sean incompatibles con las demás obligaciones que les impone el derecho internacional y no entrañen discriminación alguna fundada únicamente en motivos de raza, color, sexo, idioma, religión u origen social.

2. La disposición precedente no autoriza suspensión alguna de los artículos 6, 7, 8 (párrafos 1 y 2), 11, 15, 16 y 18.

3. Todo Estado Parte en el presente Pacto que haga uso del derecho de suspensión deberá informar inmediatamente a los demás Estados Partes en el presente Pacto, por conducto del Secretario General de las Naciones Unidas, de las disposiciones cuya aplicación haya suspendido y de los motivos que hayan suscitado la suspensión. Se hará una nueva comunicación por el mismo conducto en la fecha en que se haya dado por terminada tal suspensión. Observación general sobre su aplicación.

Artículo 5

1. Ninguna disposición del presente Pacto podrá ser interpretada en el sentido de conceder derecho alguno a un Estado, grupo o individuo para emprender actividades o realizar actos encaminados a la destrucción de cualquiera de los derechos y libertades reconocidos en el Pacto o a su limitación en mayor medida que la prevista en él.

2. No podrá admitirse restricción o menoscabo de ninguno de los derechos humanos fundamentales reconocidos o vigentes en un Estado Parte en virtud de leyes, convenciones, reglamentos o costumbres, so pretexto de que el presente Pacto no los reconoce o los reconoce en menor grado.

Parte III

Artículo 6

1. El derecho a la vida es inherente a la persona humana. Este derecho estará protegido por la ley. Nadie podrá ser privado de la vida arbitrariamente.

2. En los países en que no hayan abolido la pena capital sólo podrá imponerse la pena de muerte por los más graves delitos y de conformidad con leyes que estén en vigor en el momento de cometerse el delito y que no sean contrarias a las disposiciones del presente Pacto ni a la Convención para la Prevención y Sanción del Delito de Genocidio. Esta pena sólo podrá imponerse en cumplimiento de sentencia definitiva de un tribunal competente.

3. Cuando la privación de la vida constituya delito de genocidio se tendrá entendido que nada de lo dispuesto en este artículo excusará en modo alguno a los Estados Partes del cumplimiento de ninguna de las obligaciones asumidas en virtud de las disposiciones de la Convención para la Prevención y la Sanción del Delito de Genocidio.

4. Toda persona condenada a muerte tendrá derecho a solicitar el indulto o la conmutación de la pena de muerte. La amnistía, el indulto o la conmutación de la pena capital podrán ser concedidos en todos los casos.

5. No se impondrá la pena de muerte por delitos cometidos por personas de menos de 18 años de edad, ni se la aplicará a las mujeres en estado de gravidez.

6. Ninguna disposición de este artículo podrá ser invocada por un Estado Parte en el presente Pacto para demorar o impedir la abolición de la pena capital.

Artículo 7

Nadie será sometido a torturas ni a penas o tratos crueles, inhumanos o degradantes. En particular, nadie será sometido sin su libre consentimiento a experimentos médicos o científicos.

Artículo 8

1. Nadie estará sometido a esclavitud. La esclavitud y la trata de esclavos estarán prohibidas en todas sus formas.

2. Nadie estará sometido a servidumbre.

3.

a) Nadie será constreñido a ejecutar un trabajo forzoso u obligatorio;

b) El inciso precedente no podrá ser interpretado en el sentido de que prohíbe, en los países en los cuales ciertos delitos pueden ser castigados con la pena de prisión acompañada de trabajos forzados, el cumplimiento de una pena de trabajos forzados impuesta por un tribunal competente;

c) No se considerarán como "trabajo forzoso u obligatorio", a los efectos de este párrafo:

i) Los trabajos o servicios que, aparte de los mencionados en el inciso b), se exijan normalmente de una persona presa en virtud de una decisión judicial legalmente dictada, o de una persona que habiendo sido presa en virtud de tal decisión se encuentre en libertad condicional;

ii) El servicio de carácter militar y, en los países donde se admite la exención por razones de conciencia, el servicio nacional que deben prestar conforme a la ley quienes se opongan al servicio militar por razones de conciencia.

iii) El servicio impuesto en casos de peligro o calamidad que amenace la vida o el bienestar de la comunidad;

iv) El trabajo o servicio que forme parte de las obligaciones cívicas normales.

Artículo 9

1. Todo individuo tiene derecho a la libertad y a la seguridad personales. Nadie podrá ser sometido a detención o prisión arbitrarias. Nadie podrá ser privado de su libertad, salvo por las causas fijadas por ley y con arreglo al procedimiento establecido en ésta.

2. Toda persona detenida será informada, en el momento de su detención, de las razones de la misma, y notificada, sin demora, de la acusación formulada contra ella.

3. Toda persona detenida o presa a causa de una infracción penal será llevada sin demora ante un juez u otro funcionario autorizado por la ley para ejercer funciones judiciales, y tendrá derecho a ser juzgada dentro de un plazo razonable o a ser puesta en libertad. La prisión preventiva de las personas que hayan de ser juzgadas no debe ser la regla general, pero su libertad podrá estar subordinada a garantías que aseguren la comparecencia del acusado en el acto del juicio, o en cualquier momento de las diligencias procesales y, en su caso, para la ejecución del fallo.

4. Toda persona que sea privada de libertad en virtud de detención o prisión tendrá derecho a recurrir ante un tribunal, a fin de que éste decida

a la brevedad posible sobre la legalidad de su prisión y ordene su libertad si la prisión fuera ilegal.

5. Toda persona que haya sido ilegalmente detenida o presa, tendrá el derecho efectivo a obtener reparación.

Artículo 10

1. Toda persona privada de libertad será tratada humanamente y con el respeto debido a la dignidad inherente al ser humano.

2.

a) Los procesados estarán separados de los condenados, salvo en circunstancias excepcionales, y serán sometidos a un tratamiento distinto, adecuado a su condición de personas no condenadas;

b) Los menores procesados estarán separados de los adultos y deberán ser llevados ante los tribunales de justicia con la mayor celeridad posible para su enjuiciamiento.

3. El régimen penitenciario consistirá en un tratamiento cuya finalidad esencial será la reforma y la readaptación social de los penados. Los menores delincuentes estarán separados de los adultos y serán sometidos a un tratamiento adecuado a su edad y condición jurídica.

Artículo 11

Nadie será encarcelado por el solo hecho de no poder cumplir una obligación contractual.

Artículo 12

1. Toda persona que se halle legalmente en el territorio de un Estado tendrá derecho a circular libremente por él y a escoger libremente en él su residencia.

2. Toda persona tendrá derecho a salir libremente de cualquier país, incluso del propio.

3. Los derechos antes mencionados no podrán ser objeto de restricciones salvo cuando éstas se hallen previstas en la ley, sean necesarias para proteger la seguridad nacional, el orden público, la salud o la moral públicas o los derechos y libertades de terceros, y sean compatibles con los demás derechos reconocidos en el presente Pacto.

4. Nadie podrá ser arbitrariamente privado del derecho a entrar en su propio país.

Artículo 13

El extranjero que se halle legalmente en el territorio de un Estado Parte en el presente Pacto sólo podrá ser expulsado de él en cumplimiento de una decisión adoptada conforme a la ley; y, a menos que razones imperiosas de seguridad nacional se opongan a ello, se permitirá a tal extranjero exponer las razones que lo asistan en contra de su expulsión, así como someter su caso a revisión ante la autoridad competente o bien ante la persona o personas designadas especialmente por dicha autoridad competente, y hacerse representar con tal fin ante ellas.

Artículo 14

1. Todas las personas son iguales ante los tribunales y cortes de justicia. Toda persona tendrá derecho a ser oída públicamente y con las debidas garantías por un tribunal competente, independiente e imparcial, establecido por la ley, en la substanciación de cualquier acusación de carácter penal formulada contra ella o para la determinación de sus derechos u obligaciones de carácter civil. La prensa y el público podrán ser excluidos de la totalidad o parte de los juicios por consideraciones de moral, orden público o seguridad nacional en una sociedad democrática, o cuando lo exija el interés de la vida privada de las partes o, en la medida estrictamente necesaria en opinión del tribunal, cuando por circunstancias especiales del asunto la publicidad pudiera perjudicar a los intereses de la justicia; pero toda sentencia en materia penal o contenciosa será pública, excepto en los casos en que el interés de menores de edad exija lo contrario, o en las acusaciones referentes a pleitos matrimoniales o a la tutela de menores.

2. Toda persona acusada de un delito tiene derecho a que se presuma su inocencia mientras no se pruebe su culpabilidad conforme a la ley.

3. Durante el proceso, toda persona acusada de un delito tendrá derecho, en plena igualdad, a las siguientes garantías mínimas:

a) A ser informada sin demora, en un idioma que comprenda y en forma detallada, de la naturaleza y causas de la acusación formulada contra ella;

b) A disponer del tiempo y de los medios adecuados para la preparación de su defensa y a comunicarse con un defensor de su elección;

c) A ser juzgado sin dilaciones indebidas;

d) A hallarse presente en el proceso y a defenderse personalmente o ser asistida por un defensor de su elección; a ser informada, si no tuviera defensor, del derecho que le asiste a tenerlo, y, siempre que el interés de la justicia lo exija, a que se le nombre defensor de oficio, gratuitamente, si careciere de medios suficientes para pagarlo;

e) A interrogar o hacer interrogar a los testigos de cargo y a obtener la comparecencia de los testigos de descargo y que éstos sean interrogados en las mismas condiciones que los testigos de cargo;

f) A ser asistida gratuitamente por un intérprete, si no comprende o no habla el idioma empleado en el tribunal;

g) A no ser obligada a declarar contra sí misma ni a confesarse culpable.

4. En el procedimiento aplicable a los menores de edad a efectos penales se tendrá en cuenta esta circunstancia y la importancia de estimular su readaptación social.

5. Toda persona declarada culpable de un delito tendrá derecho a que el fallo condenatorio y la pena que se le haya impuesto sean sometidos a un tribunal superior, conforme a lo prescrito por la ley.

6. Cuando una sentencia condenatoria firme haya sido ulteriormente revocada, o el condenado haya sido indultado por haberse producido o descubierto un hecho plenamente probatorio de la comisión de un error judicial, la persona que haya sufrido una pena como resultado de tal sentencia deberá ser indemnizada, conforme a la ley, a menos que se demuestre que le es imputable en todo o en parte el no haberse revelado oportunamente el hecho desconocido.

7. Nadie podrá ser juzgado ni sancionado por un delito por el cual haya sido ya condenado o absuelto por una sentencia firme de acuerdo con la ley y el procedimiento penal de cada país.

Artículo 15

1. Nadie será condenado por actos u omisiones que en el momento de cometerse no fueran delictivos según el derecho nacional o internacional. Tampoco se impondrá pena más grave que la aplicable en el momento de la comisión del delito. Si con posterioridad a la comisión del delito la ley dispone la imposición de una pena más leve, el delincuente se beneficiará de ello.

2. Nada de lo dispuesto en este artículo se opondrá al juicio ni a la condena de una persona por actos u omisiones que, en el momento de cometerse, fueran delictivos según los principios generales del derecho reconocidos por la comunidad internacional.

Artículo 16

Todo ser humano tiene derecho, en todas partes, al reconocimiento de su personalidad jurídica.

Artículo 17

1. Nadie será objeto de injerencias arbitrarias o ilegales en su vida privada, su familia, su domicilio o su correspondencia, ni de ataques ilegales a su honra y reputación.

2. Toda persona tiene derecho a la protección de la ley contra esas injerencias o esos ataques.

Artículo 18

1. Toda persona tiene derecho a la libertad de pensamiento, de conciencia y de religión; este derecho incluye la libertad de tener o de adoptar la religión o las creencias de su elección, así como la libertad de manifestar su religión o sus creencias, individual o colectivamente, tanto en público como en privado, mediante el culto, la celebración de los ritos, las prácticas y la enseñanza.

2. Nadie será objeto de medidas coercitivas que puedan menoscabar su libertad de tener o de adoptar la religión o las creencias de su elección.

3. La libertad de manifestar la propia religión o las propias creencias estará sujeta únicamente a las limitaciones prescritas por la ley que sean necesarias para proteger la seguridad, el orden, la salud o la moral públicos, o los derechos y libertades fundamentales de los demás.

4. Los Estados Partes en el presente Pacto se comprometen a respetar la libertad de los padres y, en su caso, de los tutores legales, para garantizar que los hijos reciban la educación religiosa y moral que esté de acuerdo con sus propias convicciones.

Artículo 19

1. Nadie podrá ser molestado a causa de sus opiniones.

2. Toda persona tiene derecho a la libertad de expresión; este derecho comprende la libertad de buscar, recibir y difundir informaciones e ideas de toda índole, sin consideración de fronteras, ya sea oralmente, por escrito o en forma impresa o artística, o por cualquier otro procedimiento de su elección.

3. El ejercicio del derecho previsto en el párrafo 2 de este artículo entraña deberes y responsabilidades especiales. Por consiguiente, puede estar sujeto a ciertas restricciones, que deberán, sin embargo, estar expresamente fijadas por la ley y ser necesarias para:

a) Asegurar el respeto a los derechos o a la reputación de los demás;

b) La protección de la seguridad nacional, el orden público o la salud o la moral públicas.

Artículo 20

1. Toda propaganda en favor de la guerra estará prohibida por la ley.

2. Toda apología del odio nacional, racial o religioso que constituya incitación a la discriminación, la hostilidad o la violencia estará prohibida por la ley.

Artículo 21

Se reconoce el derecho de reunión pacífica. El ejercicio de tal derecho sólo podrá estar sujeto a las restricciones previstas por la ley que sean necesarias en una sociedad democrática, en interés de la seguridad nacional, de la seguridad pública o del orden público, o para proteger la salud o la moral públicas o los derechos y libertades de los demás.

Artículo 22

1. Toda persona tiene derecho a asociarse libremente con otras, incluso el derecho a fundar sindicatos y afiliarse a ellos para la protección de sus intereses.

2. El ejercicio de tal derecho sólo podrá estar sujeto a las restricciones previstas por la ley que sean necesarias en una sociedad democrática, en interés de la seguridad nacional, de la seguridad pública o del orden público, o para proteger la salud o la moral públicas o los derechos y libertades de los demás. El presente artículo no impedirá la imposición de restricciones legales al ejercicio de tal derecho cuando se trate de miembros de las fuerzas armadas y de la policía.

3. Ninguna disposición de este artículo autoriza a los Estados Partes en el Convenio de la Organización Internacional del Trabajo de 1948, relativo a la libertad sindical y a la protección del derecho de sindicación, a adoptar medidas legislativas que puedan menoscabar las garantías previstas en él ni a aplicar la ley de tal manera que pueda menoscabar esas garantías.

Artículo 23

1. La familia es el elemento natural y fundamental de la sociedad y tiene derecho a la protección de la sociedad y del Estado.

2. Se reconoce el derecho del hombre y de la mujer a contraer matrimonio y a fundar una familia si tienen edad para ello.

3. El matrimonio no podrá celebrarse sin el libre y pleno consentimiento de los contrayentes.

4. Los Estados Partes en el presente Pacto tomarán las medidas apropiadas para asegurar la igualdad de derechos y de responsabilidades de ambos esposos en cuanto al matrimonio, durante el matrimonio y en caso de disolución del mismo. En caso de disolución, se adoptarán disposiciones que aseguren la protección necesaria a los hijos.

Artículo 24

1. Todo niño tiene derecho, sin discriminación alguna por motivos de raza, color, sexo, idioma, religión, origen nacional o social, posición económica o nacimiento, a las medidas de protección que su condición de menor requiere, tanto por parte de su familia como de la sociedad y del Estado.

2. Todo niño será inscrito inmediatamente después de su nacimiento y deberá tener un nombre.

3. Todo niño tiene derecho a adquirir una nacionalidad.

Artículo 25

Todos los ciudadanos gozarán, sin ninguna de la distinciones mencionadas en el artículo 2, y sin restricciones indebidas, de los siguientes derechos y oportunidades:

a) Participar en la dirección de los asuntos públicos, directamente o por medio de representantes libremente elegidos;

b) Votar y ser elegidos en elecciones periódicas, auténticas, realizadas por sufragio universal e igual y por voto secreto que garantice la libre expresión de la voluntad de los electores;

c) Tener acceso, en condiciones generales de igualdad, a las funciones públicas de su país.

Artículo 26

Todas las personas son iguales ante la ley y tienen derecho sin discriminación a igual protección de la ley. A este respecto, la ley prohibirá toda discriminación y garantizará a todas las personas protección igual y efectiva contra cualquier discriminación por motivos de raza, color, sexo, idioma, religión, opiniones políticas o de cualquier índole, origen nacional o social, posición económica, nacimiento o cualquier otra condición social.

Artículo 27

En los Estados en que existan minorías étnicas, religiosas o lingüísticas, no se negará a las personas que pertenezcan a dichas minorías el derecho que les corresponde, en común con los demás miembros de su grupo, a tener su propia vida cultural, a profesar y practicar su propia religión y a emplear su propio idioma.

Parte IV

Artículo 28

1. Se establecerá un Comité de Derechos Humanos (en adelante denominado el Comité). Se compondrá de dieciocho miembros, y desempeñará las funciones que se señalan más adelante.

2. El Comité estará compuesto de nacionales de los Estados Partes en el presente Pacto, que deberán ser personas de gran integridad moral, con reconocida competencia en materia de derechos humanos. Se tomará en consideración la utilidad de la participación de algunas personas que tengan experiencia jurídica.

3. Los miembros del Comité serán elegidos y ejercerán sus funciones a título personal.

Artículo 29

1. Los miembros del Comité serán elegidos por votación secreta de una lista de personas que reúnan las condiciones previstas en el artículo 28 y que sean propuestas al efecto por los Estados Partes en el presente Pacto.

2. Cada Estado Parte en el presente Pacto podrá proponer hasta dos personas. Estas personas serán nacionales del Estado que las proponga.

3. La misma persona podrá ser propuesta más de una vez.

Artículo 30

1. La elección inicial se celebrará a más tardar seis meses después de la fecha de entrada en vigor del presente Pacto.

2. Por lo menos cuatro meses antes de la fecha de la elección del Comité, siempre que no se trate de una elección para llenar una vacante declarada de conformidad con el artículo 34, el Secretario General de las Naciones Unidas invitará por escrito a los Estados Partes en el presente Pacto a presentar sus candidatos para el Comité en el término de tres meses.

3. El Secretario General de las Naciones Unidas preparará una lista por orden alfabético de los candidatos que hubieren sido presentados, con indicación de los Estados Partes que los hubieren designado, y la comunicará a los Estados Partes en el presente Pacto a más tardar un mes antes de la fecha de cada elección.

4. La elección de los miembros del Comité se celebrará en una reunión de los Estados Partes en el presente Pacto convocada por el Secretario General de las Naciones Unidas en la Sede de la Organización. En esa reunión, para la cual el quórum estará constituido por dos tercios de los Estados Partes en el presente Pacto, quedarán elegidos miembros del Comité los candidatos que obtengan el mayor número de votos y la mayoría absoluta de los votos de los representantes de los Estados Partes presentes y votantes.

Artículo 31

1. El Comité no podrá comprender más de un nacional de un mismo Estado.

2. En la elección del Comité se tendrá en cuenta una distribución geográfica equitativa de los miembros y la representación de las diferentes formas de civilización y de los principales sistemas jurídicos.

Artículo 32

1. Los miembros del Comité se elegirán por cuatro años. Podrán ser reelegidos si se presenta de nuevo su candidatura. Sin embargo, los mandatos de nueve de los miembros elegidos en la primera elección expirarán al cabo de dos años. Inmediatamente después de la primera elección, el Presidente de la reunión mencionada en el párrafo 4 del artículo 30 designará por sorteo los nombres de estos nueve miembros.

2. Las elecciones que se celebren al expirar el mandato se harán con arreglo a los artículos precedentes de esta parte del presente Pacto.

Artículo 33

1. Si los demás miembros estiman por unanimidad que un miembro del Comité ha dejado de desempeñar sus funciones por otra causa que la de ausencia temporal, el Presidente del Comité notificará este hecho al Secretario General de las Naciones Unidas, quien declarará vacante el puesto de dicho miembro.

2. En caso de muerte o renuncia de un miembro del Comité, el Presidente lo notificará inmediatamente al Secretario General de las Naciones Unidas, quien declarará vacante el puesto desde la fecha del fallecimiento o desde la fecha en que sea efectiva la renuncia.

Artículo 34

1. Si se declara una vacante de conformidad con el artículo 33 y si el mandato del miembro que ha de ser sustituido no expira dentro de los seis meses que sigan a la declaración de dicha vacante, el Secretario General de las Naciones Unidas lo notificará a cada uno de los Estados Partes en el presente Pacto, los cuales, para llenar la vacante, podrán presentar candidatos en el plazo de dos meses, de acuerdo con lo dispuesto en el párrafo 2 del artículo 29.

2. El Secretario General de las Naciones Unidas preparará una lista por orden alfabético de los candidatos así designados y la comunicará a los Estados Partes en el presente Pacto. La elección para llenar la vacante se verificará de conformidad con las disposiciones pertinentes de esta parte del presente Pacto.

3. Todo miembro del Comité que haya sido elegido para llenar una vacante declarada de conformidad con el artículo 33 ocupará el cargo por el resto del mandato del miembro que dejó vacante el puesto en el Comité conforme a lo dispuesto en este artículo.

Artículo 35

Los miembros del Comité, previa aprobación de la Asamblea General de las Naciones Unidas, percibirán emolumentos de los fondos de las Naciones Unidas en la forma y condiciones que la Asamblea General determine, teniendo en cuenta la importancia de las funciones del Comité.

Artículo 36

El Secretario General de las Naciones Unidas proporcionará el personal y los servicios necesarios para el desempeño eficaz de las funciones del Comité en virtud del presente Pacto.

Artículo 37

1. El Secretario General de las Naciones Unidas convocará la primera reunión del Comité en la Sede de las Naciones Unidas.

2. Después de su primera reunión, el Comité se reunirá en las ocasiones que se prevean en su reglamento.

3. El Comité se reunirá normalmente en la Sede de las Naciones Unidas o en la Oficina de las Naciones Unidas en Ginebra.

Artículo 38

Antes de entrar en funciones, los miembros del Comité declararán solemnemente en sesión pública del Comité que desempeñarán su cometido con toda imparcialidad y conciencia.

Artículo 39

1. El Comité elegirá su Mesa por un período de dos años. Los miembros de la Mesa podrán ser reelegidos.

2. El Comité establecerá su propio reglamento, en el cual se dispondrá, entre otras cosas, que:

a) Doce miembros constituirán el *quórum*;

b) Las decisiones del Comité se tomarán por mayoría de votos de los miembros presentes.

Artículo 40

1. Los Estados Partes en el presente Pacto se comprometen a presentar informes sobre las disposiciones que hayan adoptado y que den efecto a los derechos reconocidos en el Pacto y sobre el progreso que hayan realizado en cuanto al goce de esos derechos:

a) En el plazo de un año a contar de la fecha de entrada en vigor del presente Pacto con respecto a los Estados Partes interesados;

b) En lo sucesivo, cada vez que el Comité lo pida.

2. Todos los informes se presentarán al Secretario General de las Naciones Unidas, quien los transmitirá al Comité para examen. Los informes señalarán los factores y las dificultades, si los hubiere, que afecten a la aplicación del presente Pacto.

3. El Secretario General de las Naciones Unidas, después de celebrar consultas con el Comité, podrá transmitir a los organismos especializados interesados copias de las partes de los informes que caigan dentro de sus esferas de competencia.

4. El Comité estudiará los informes presentados por los Estados Partes en el presente Pacto. Transmitirá sus informes, y los comentarios generales que estime oportunos, a los Estados Partes. El Comité también podrá transmitir al Consejo Económico y Social esos comentarios, junto con copia de los informes que haya recibido de los Estados Partes en el Pacto.

5. Los Estados Partes podrán presentar al Comité observaciones sobre cualquier comentario que se haga con arreglo al párrafo 4 del presente artículo.

Artículo 41

1. Con arreglo al presente artículo, todo Estado Parte en el presente Pacto podrá declarar en cualquier momento que reconoce la competencia del Comité para recibir y examinar las comunicaciones en que un Estado Parte alegue que otro Estado Parte no cumple las obligaciones que le impone este Pacto. Las comunicaciones hechas en virtud del presente artículo sólo se podrán admitir y examinar si son presentadas por un Estado Parte que haya hecho una declaración por la cual reconozca con respecto a sí mismo la competencia del Comité. El Comité no admitirá ninguna comunicación relativa a un Estado Parte que no haya hecho tal declaración. Las comunicaciones recibidas en virtud de este artículo se tramitarán de conformidad con el procedimiento siguiente:

a) Si un Estado Parte en el presente Pacto considera que otro Estado Parte no cumple las disposiciones del presente Pacto, podrá señalar el asunto a la atención de dicho Estado mediante una comunicación escrita. Dentro de un plazo de tres meses, contado desde la fecha de recibo de la comunicación, el Estado destinatario proporcionará al Estado que haya enviado la comunicación una explicación o cualquier otra declaración por escrito que aclare el asunto, la cual hará referencia, hasta donde sea posible y pertinente, a los procedimientos nacionales y a los recursos adoptados, en trámite o que puedan utilizarse al respecto.

b) Si el asunto no se resuelve a satisfacción de los dos Estados Partes interesados en un plazo de seis meses contado desde la fecha en que el Estado destinatario haya recibido la primera comunicación, cualquiera de ambos Estados Partes interesados tendrá derecho a someterlo al Comité, mediante notificación dirigida al Comité y al otro Estado.

c) El Comité conocerá del asunto que se le someta después de haberse cerciorado de que se han interpuesto y agotado en tal asunto todos los recursos de la jurisdicción interna de que se pueda disponer, de conformidad con los principios del derecho internacional generalmente admitidos. No se aplicará esta regla cuando la tramitación de los mencionados recursos se prolongue injustificadamente.

d) El Comité celebrará sus sesiones a puerta cerrada cuando examine las comunicaciones previstas en el presente artículo.

e) A reserva de las disposiciones del inciso c, el Comité pondrá sus buenos oficios a disposición de los Estados Partes interesados a fin de llegar a una solución amistosa del asunto, fundada en el respeto de los derechos humanos y de las libertades fundamentales reconocidos en el presente Pacto.

f) En todo asunto que se le someta, el Comité podrá pedir a los Estados Partes interesados a que se hace referencia en el inciso b que faciliten cualquier información pertinente.

g) Los Estados Partes interesados a que se hace referencia en el inciso obtendrán derecho a estar representados cuando el asunto se examine en el Comité y a presentar exposiciones verbalmente, o por escrito, o de ambas maneras.

h) El Comité, dentro de los doce meses siguientes a la fecha de recibido de la notificación mencionada en el inciso b), presentará un informe en el cual:

i) Si se ha llegado a una solución con arreglo a lo dispuesto en el inciso e, se limitará a una breve exposición de los hechos y de la solución alcanzada:

ii) Si no se ha llegado a una solución con arreglo a lo dispuesto en el inciso e, se limitará a una breve exposición de los hechos y agregará las exposiciones escritas y las actas de las exposiciones verbales que hayan hecho los Estados Partes interesados.

En cada asunto, se enviará el informe los Estados Partes interesados.

2. Las disposiciones del presente artículo entrarán en vigor cuando diez Estados Partes en el presente Pacto hayan hecho las declaraciones a que se hace referencia en el párrafo 1 del presente artículo. Tales declaraciones serán depositadas por los Estados Partes en poder del Secretario General de las Naciones Unidas, quien remitirá copia de las mismas a los demás Estados Partes. Toda declaración podrá retirarse en cualquier momento mediante notificación dirigida al Secretario General. Tal retiro no será obstáculo para que se examine cualquier asunto que sea objeto de una comunicación ya transmitida en virtud de este artículo; no se admitirá ninguna nueva comunicación de un Estado Parte una vez que el Secretario General de las Naciones Unidas haya recibido la notificación de retiro de la declaración, a menos que el Estado Parte interesado haya hecho una nueva declaración.

Artículo 42

1.

a) Si un asunto remitido al Comité con arreglo al artículo 41 no se resuelve a satisfacción de los Estados Partes interesados, el Comité, con el previo consentimiento de los Estados Partes interesados, podrá designar una Comisión Especial de Conciliación (denominada en adelante la Comisión). Los buenos oficios de la Comisión se pondrán a disposición de los Estados Partes interesados a fin de llegar a una solución amistosa del asunto, basada en el respeto al presente Pacto.

b) La Comisión estará integrada por cinco personas aceptables para los Estados Partes interesados. Si, transcurridos tres meses, los Estados Partes interesados no se ponen de acuerdo sobre la composición, en todo o en parte, de la Comisión, los miembros de la Comisión sobre los que no haya habido acuerdo serán elegidos por el Comité, de entre sus propios miembros, en votación secreta y por mayoría de dos tercios.

2. Los miembros de la Comisión ejercerán sus funciones a título personal. No serán nacionales de los Estados Partes interesados, de ningún Estado que no sea parte en el presente Pacto, ni de ningún Estado Parte que no haya hecho la declaración prevista en el artículo 41.

3. La Comisión elegirá su propio Presidente y aprobará su propio reglamento.

4. Las reuniones de la Comisión se celebrarán normalmente en la Sede de las Naciones Unidas o en la Oficina de las Naciones Unidas en Ginebra. Sin embargo, podrán celebrarse en cualquier otro lugar conveniente que la Comisión acuerde en consulta con el Secretario General de las Naciones Unidas y los Estados Partes interesados.

5. La secretaría prevista en el artículo 36 prestará también servicios a las comisiones que se establezcan en virtud del presente artículo.

6. La información recibida y estudiada por el Comité se facilitará a la Comisión, y ésta podrá pedir a los Estados Partes interesados que faciliten cualquier otra información pertinente.

7. Cuando la Comisión haya examinado el asunto en todos sus aspectos, y en todo caso en un plazo no mayor de doce meses después de haber tomado conocimiento del mismo, presentará al Presidente del Comité un informe para su transmisión a los Estados Partes interesados:

a) Si la Comisión no puede completar su examen del asunto dentro de los doce meses, limitará su informe a una breve exposición de la situación en que se halle su examen del asunto;

b) Si se alcanza una solución amistosa del asunto basada en el respeto a los derechos humanos reconocidos en el presente Pacto, la Comisión limitará su informe a una breve exposición de los hechos y de la solución alcanzada;

c) Si no se alcanza una solución en el sentido del inciso b, el informe de la Comisión incluirá sus conclusiones sobre todas las cuestiones de hecho pertinentes al asunto planteado entre los Estados Partes interesados, y sus observaciones acerca de las posibilidades de solución amistosa del asunto; dicho informe contendrá también las exposiciones escritas y una reseña de las exposiciones orales hechas por los Estados Partes interesados;

d) Si el informe de la Comisión se presenta en virtud del inciso c, los Estados Partes interesados notificarán al Presidente del Comité, dentro de los tres meses siguientes a la recepción del informe, si aceptan o no los términos del informe de la Comisión.

8. Las disposiciones de este artículo no afectan a las funciones del Comité previstas en el artículo 41.

9. Los Estados Partes interesados compartirán por igual todos los gastos de los miembros de la Comisión, de acuerdo con el cálculo que haga el Secretario General de las Naciones Unidas.

10. El Secretario General de las Naciones Unidas podrá sufragar, en caso necesario, los gastos de los miembros de la Comisión, antes de que los Estados Partes interesados reembolsen esos gastos conforme al párrafo 9 del presente artículo.

Artículo 43

Los miembros del Comité y los miembros de las comisiones especiales de conciliación designados conforme al artículo 42 tendrán derecho a las facilidades, privilegios e inmunidades que se conceden a los expertos que desempeñen misiones para las Naciones Unidas, con arreglo a lo dispuesto en las secciones pertinentes de la Convención sobre los privilegios e inmunidades de las Naciones Unidas.

Artículo 44

Las disposiciones de la aplicación del presente Pacto se aplicarán sin perjuicio de los procedimientos previstos en materia de derechos humanos por los instrumentos constitutivos y las convenciones de las Naciones Unidas y de los organismos especializados o en virtud de los mismos, y no impedirán que los Estados Partes recurran a otros procedimientos para resolver una controversia, de conformidad con convenios internacionales generales o especiales vigentes entre ellos.

Artículo 45

El Comité presentará a la Asamblea General de las Naciones Unidas, por conducto del Consejo Económico y Social, un informe anual sobre sus actividades.

Parte V

Artículo 46

Ninguna disposición del presente Pacto deberá interpretarse en menoscabo de las disposiciones de la Carta de las Naciones Unidas o de las constituciones de los organismos especializados que definen las atribuciones de los diversos órganos de las Naciones Unidas y de los organismos especializados en cuanto a las materias a que se refiere el presente Pacto.

Artículo 47

Ninguna disposición del presente Pacto deberá interpretarse en menoscabo del derecho inherente de todos los pueblos a disfrutar y utilizar plena y libremente sus riquezas y recursos naturales.

Parte VI

Artículo 48

1. El presente Pacto estará abierto a la firma de todos los Estados Miembros de las Naciones Unidas o miembros de algún organismo especializado, así como de todo Estado Parte en el Estatuto de la Corte Internacional de Justicia y de cualquier otro Estado invitado por la Asamblea General de las Naciones Unidas a ser parte en el presente Pacto.

2. El presente Pacto está sujeto a ratificación. Los instrumentos de ratificación se depositarán en poder del Secretario General de las Naciones Unidas.

3. El presente Pacto quedará abierto a la adhesión de cualquiera de los Estados mencionados en el párrafo 1 del presente artículo.

4. La adhesión se efectuará mediante el depósito de un instrumento de adhesión en poder del Secretario General de las Naciones Unidas.

5. El Secretario General de las Naciones Unidas informará a todos los Estados que hayan firmado el presente Pacto, o se hayan adherido a él, del depósito de cada uno de los instrumentos de ratificación o de adhesión.

Artículo 49

1. El presente Pacto entrará en vigor transcurridos tres meses a partir de la fecha en que haya sido depositado el trigésimo quinto instrumento de ratificación o de adhesión en poder del Secretario General de las Naciones Unidas.

2. Para cada Estado que ratifique el presente Pacto o se adhiera a él después de haber sido depositado el trigésimo quinto instrumento de ratificación o de adhesión, el Pacto entrará en vigor transcurridos tres meses a partir de la fecha en que tal Estado haya depositado su instrumento de ratificación o de adhesión.

Artículo 50

Las disposiciones del presente Pacto serán aplicables a todas las partes componentes de los Estados federales, sin limitación ni excepción alguna.

Artículo 51

1. Todo Estado Parte en el presente Pacto podrá proponer enmiendas y depositarlas en poder del Secretario General de las Naciones Unidas. El Secretario General comunicará las enmiendas propuestas a los Estados Partes en el presente Pacto, pidiéndoles que le notifiquen si desean que se convoque a una conferencia de Estados Partes con el fin de examinar las propuestas y someterlas a votación. Si un tercio al menos de los Estados se declara en favor de tal convocatoria, el Secretario General convocará una conferencia bajo los auspicios de las Naciones Unidas. Toda enmienda adoptada por la mayoría de los Estados presentes y votantes en la conferencia se someterá a la aprobación de la Asamblea General de las Naciones Unidas.

2. Tales enmiendas entrarán en vigor cuando hayan sido aprobadas por la Asamblea General de las Naciones Unidas y aceptadas por una mayoría de dos tercios de los Estados Partes en el presente Pacto, de conformidad con sus respectivos procedimientos constitucionales.

3. Cuando tales enmiendas entren en vigor, serán obligatorias para los Estados Partes que las hayan aceptado, en tanto que los demás Estados Partes seguirán obligados por las disposiciones del presente Pacto y por toda enmienda anterior que hayan aceptado.

Artículo 52

Independientemente de las notificaciones previstas en el párrafo 5 del artículo 48, el Secretario General de las Naciones Unidas comunicará todos los Estados mencionados en el párrafo 1 del mismo artículo:

a) Las firmas, ratificaciones y adhesiones conformes con lo dispuesto en el artículo 48;

b) La fecha en que entre en vigor el presente Pacto conforme a lo dispuesto en el artículo 49, y la fecha en que entren en vigor las enmiendas a que hace referencia el artículo 51.

Artículo 53

1. El presente Pacto, cuyos textos en chino, español, francés, inglés y ruso son igualmente auténticos, será depositado en los archivos de las Naciones Unidas.

PROTOCOLO FACULTATIVO DEL PACTO INTERNACIONAL DE DERECHOS CIVILES Y POLÍTICOS

Adoptado y abierto a la firma, ratificación y adhesión por la Asamblea General en su resolución 2200 A (XXI), de 16 diciembre de 1966.

Entrada en vigor: 23 de marzo de 1976, de conformidad con el artículo 9.

Los Estados Partes en el siguiente Protocolo,

Considerando que para asegurar el mejor logro de los propósitos del Pacto Internacional de Derechos Civiles y Políticos (en adelante denominado el Pacto) y la aplicación de sus disposiciones sería conveniente facultar al Comité de Derechos Humanos establecido en la parte IV del Pacto (en adelante denominado el Comité) para recibir y considerar, tal como se prevé en el presente Protocolo, comunicaciones de individuos que aleguen ser víctimas de violaciones de cualquiera de los derechos enunciados en el Pacto,

Han convenido en lo siguiente:

Artículo 1

Todo Estado Parte en el Pacto que llegue a ser parte en el presente Protocolo reconoce la competencia del Comité para recibir y considerar comunicaciones de individuos que se hallen bajo la jurisdicción de ese Estado y que aleguen ser víctimas de una violación, por ese Estado Parte, de cualquiera de los derechos enunciados en el Pacto. El Comité no recibirá ninguna comunicación que concierna a un Estado Parte en el Pacto que no sea parte en el presente Protocolo.

Artículo 2

Con sujeción a lo dispuesto en el artículo 1, todo individuo que alegue una violación de cualquiera de sus derechos enumerados en el Pacto y que haya agotado todos los recursos internos disponibles podrá someter a la consideración del Comité una comunicación escrita.

Artículo 3

El Comité considerará inadmisible toda comunicación presentada de acuerdo con el presente Protocolo que sea anónima o que, a su juicio, constituya un abuso del derecho a presentar tales comunicaciones o sea incompatible con las disposiciones del Pacto.

Artículo 4

1. A reserva de lo dispuesto en el artículo 3, el Comité pondrá toda comunicación que le sea sometida en virtud del presente Protocolo en conocimiento del Estado Parte del que se afirme que se ha violado cualquiera de las disposiciones del Pacto.

2. En un plazo de seis meses, ese Estado deberá presentar al Comité por escrito explicaciones o declaraciones en las que se aclare el asunto y se señalen las medidas que eventualmente haya adoptado al respecto.

Artículo 5

1. El Comité examinará las comunicaciones recibidas de acuerdo con el presente Protocolo tomando en cuenta toda la información escrita que le hayan facilitado el individuo y el Estado Parte interesado.

2. El Comité no examinará ninguna comunicación de un individuo a menos que se haya cerciorado de que:

a) El mismo asunto no ha sido sometido ya a otro procedimiento de examen o arreglo internacionales;

b) El individuo ha agotado todos los recursos de la jurisdicción interna. No se aplicará esta norma cuando la tramitación de los recursos se prolongue injustificadamente.

3. El Comité celebrará sus sesiones a puerta cerrada cuando examine las comunicaciones previstas en el presente Protocolo.

4. El Comité presentará sus observaciones al Estado Parte interesado y al individuo.

Artículo 6

El Comité incluirá en el informe anual que ha de presentar con arreglo al artículo 45 del Pacto un resumen de sus actividades en virtud del presente Protocolo.

Artículo 7

En tanto no se logren los objetivos de la resolución 1514 (XV) de la Asamblea General de las Naciones Unidas, de 14 de diciembre de 1960, relativa a la Declaración sobre la concesión de la independencia a los países y pueblos coloniales, las disposiciones del presente Protocolo no limitarán de manera alguna el derecho de petición concedido a esos pueblos por la Carta de las Naciones Unidas y por otros instrumentos y convenciones internacionales que se hayan concertado bajo los auspicios de las Naciones Unidas o de sus organismos especializados.

Artículo 8

1. El presente Protocolo estará abierto a la firma de cualquier Estado que haya firmado el Pacto.

2. El presente Protocolo está sujeto a ratificación por cualquier Estado que haya ratificado el Pacto o se haya adherido al mismo. Los instrumentos de ratificación se depositarán en poder del Secretario General de las Naciones Unidas.

3. El presente Protocolo quedará abierto a la adhesión de cualquier Estado que haya ratificado el Pacto o se haya adherido al mismo.

4. La adhesión se efectuará mediante el depósito de un instrumento de adhesión en poder del Secretario General de las Naciones Unidas.

5. El Secretario General de las Naciones Unidas informará a todos los Estados que hayan firmado el presente Protocolo, o se hayan adherido a él, del depósito de cada uno de los instrumentos de ratificación o de adhesión.

Artículo 9

1. A reserva de la entrada en vigor del Pacto, el presente Protocolo entrará en vigor transcurridos tres meses a partir de la fecha en que haya sido depositado el décimo instrumento de ratificación o de adhesión en poder del Secretario General de las Naciones Unidas.

2. Para cada Estado que ratifique el presente Protocolo o se adhiera a él después de haber sido depositado el décimo instrumento de ratificación o de adhesión, el presente Protocolo entrará en vigor transcurridos tres

meses a partir de la fecha en que tal Estado haya depositado su propio instrumento de ratificación o de adhesión.

Artículo 10

Las disposiciones del presente Protocolo serán aplicables a todas partes componentes de los Estados federales, sin limitación ni excepción alguna.

Artículo 11

1. Todo Estado Parte en el presente Protocolo podrá proponer enmiendas y depositarlas en poder del Secretario General de las Naciones Unidas. El Secretario General comunicará las enmiendas propuestas a los Estados Partes en el presente Protocolo, pidiéndoles que le notifiquen si desean que se convoque una conferencia de Estados Partes con el fin de examinar las propuestas y someterlas a votación. Si un tercio al menos de los Estados se declara en favor de tal convocatoria, el Secretario General convocará una conferencia bajo los auspicios de las Naciones Unidas. Toda enmienda adoptada por la mayoría de los Estados presentes y votantes en la conferencia se someterá a la aprobación de la Asamblea General de las Naciones Unidas.

2. Tales enmiendas entrarán en vigor cuando hayan sido aprobadas por la Asamblea General y aceptadas por una mayoría de dos tercios de los Estados Partes en el presente Protocolo, de conformidad con sus respectivos procedimientos constitucionales.

3. Cuando tales enmiendas entren en vigor serán obligatorias para los Estados Partes que las hayan aceptado, en tanto que los demás Estados Partes seguirán obligados por las disposiciones del presente Protocolo y por toda enmienda anterior que hubiesen aceptado.

Artículo 12

1. Todo Estado Parte podrá denunciar el presente Protocolo en cualquier momento mediante notificación escrita dirigida al Secretario General de las Naciones Unidas. La denuncia surtirá efecto tres meses después de la fecha en que el Secretario General haya recibido la notificación.

2. La denuncia se hará sin perjuicio de que las disposiciones del presente Protocolo sigan aplicándose a cualquier comunicación presentada, en virtud del artículo 2, antes de la fecha de efectividad de la denuncia.

Artículo 13

Independientemente de las notificaciones formuladas conforme al párrafo 5 del artículo 8 del presente Protocolo, el Secretario General de las

Naciones Unidas comunicará a todos los Estados mencionados en el párrafo 1 del artículo 48 del Pacto:

a) Las firmas, ratificaciones, y adhesiones conformes con lo dispuesto en el artículo 8;

b) La fecha en que entre en vigor el presente Protocolo conforme a lo dispuesto en el artículo 9, la fecha en que entren en vigor las enmiendas a que hace referencia el artículo 11;

c) Las denuncias recibidas en virtud del artículo 12.

Artículo 14

1. El presente Protocolo, cuyos textos en chino, español, francés, inglés y ruso son igualmente auténticos, será depositado en los archivos de las Naciones Unidas.

2. El Secretario General de las Naciones Unidas enviará copias certificadas del presente Protocolo a todos los Estados mencionados en el Artículo 48 del Pacto.

Naciones Unidas

CCPR/C/3/Rev.10

Pacto Internacional de Derechos Civilesy Políticos

Distr. General
11 de enero de 2012
Español
Original: inglés

Comité de Derechos Humanos

Reglamento del Comité de Derechos Humanos[*]

Parte I
Disposiciones generales

I. Períodos de sesiones

Artículo 1

El Comité de Derechos Humanos (al que en adelante se denominará, en el presente reglamento, "el Comité") celebrará los períodos de sesiones necesarios para el satisfactorio ejercicio de las funciones que se le encomiendan en virtud del Pacto Internacional de Derechos Civiles y Políticos (al que en adelante se denominará, en el presente reglamento, "el Pacto").

Artículo 2

1. El Comité celebrará normalmente tres períodos ordinarios de sesiones cada año.

2. Los períodos ordinarios de sesiones del Comité se celebrarán en las fechas que decida el Comité en consulta con el Secretario General de las Naciones Unidas (al que en adelante se denominará, en el presente

---

[*] El reglamento provisional fue aprobado inicialmente por el Comité en sus períodos de sesiones primero y segundo, y posteriormente fue enmendado en sus períodos de sesiones tercero, séptimo y trigésimo sexto. En su 918ª sesión, el 26 de julio de 1989, el Comité decidió hacer definitivo su reglamento, suprimiendo en el título el término "provisional". El reglamento fue modificado posteriormente en sus períodos de sesiones 47°, 49°, 50°, 59°, 71°, 81°, 83° y 100°. La versión actual del reglamento fue aprobada en la 2852ª sesión de la Comisión, durante su 103ª período de sesiones.

reglamento, "el Secretario General"), teniendo en cuenta el calendario de conferencias aprobado por la Asamblea General.

Artículo 3

1.   Se convocará a períodos extraordinarios de sesiones del Comité por decision de este. Cuando el Comité no esté reunido, el Presidente/la Presidenta podrá convocar a períodos extraordinarios de sesiones del Comité en consulta con los demás miembros de la Mesa del Comité. El Presidente/la Presidenta del Comité también convocará a períodos extraordinarios de sesiones:

a)   A solicitud de la mayoría de los miembros del Comité;

b)   A solicitud de un Estado parte en el Pacto.

2.   Los períodos extraordinarios de sesiones se celebrarán lo antes posible en la fecha que fije el Presidente/la Presidenta en consulta con el Secretario General y con los demás miembros de la Mesa del Comité, teniendo en cuenta el calendario de conferencias aprobado por la Asamblea General.

Artículo 4

El Secretario General notificará a los miembros del Comité el lugar y la fecha de la primera sesión de cada período de sesiones. Esa notificación será remitida con al menos seis semanas de antelación, si se trata de un período ordinario de sesiones, y con al menos dieciocho días de antelación, si se trata de un período extraordinario de sesiones.

Artículo 5

Los períodos de sesiones del Comité se celebrarán normalmente en la Sede las Naciones Unidas o en la Oficina de las Naciones Unidas en Ginebra. El Comité podrá decidir, en consulta con el Secretario General, celebrar un período de sesiones en otro lugar.

II. Programa

Artículo 6

El Secretario General preparará el programa provisional de cada período ordinario de sesiones en consulta con el Presidente/la Presidenta del Comité, de conformidad con las disposiciones pertinentes del Pacto y del Protocolo Facultativo del Pacto Internacional de Derechos Civiles y Políticos (al que en adelante se denominará, en el presente reglamento, "el Protocolo"). El programa incluirá:

a)   Todo tema cuya inclusión haya sido decidida por el Comité en un período de sesiones anterior;

106

b) Todo tema propuesto por el Presidente/la Presidenta del Comité;

c) Todo tema propuesto por un Estado parte en el Pacto;

d) Todo tema propuesto por un miembro del Comité;

e) Todo tema propuesto por el Secretario General que se refiera a las funciones que se encomiendan al Secretario General en virtud del Pacto, del Protocolo o del presente reglamento.

Artículo 7

El programa provisional de todo período extraordinario de sesiones del Comité comprenderá únicamente los temas que se hayan propuesto para su examen en ese período extraordinario de sesiones.

Artículo 8

El primer tema del programa provisional de todo período de sesiones será la aprobación del programa, excepto cuando en virtud del artículo 17 del presente reglamento haya que elegir a los miembros de la Mesa.

Artículo 9

Durante todo período de sesiones el Comité podrá modificar el programa y, si procede, aplazar o suprimir temas; solo se podrán añadir al programa temas urgentes e importantes.

Artículo 10

El Secretario General transmitirá a los miembros del Comité el programa provisional y los documentos básicos referentes a cada tema incluido en él, y los documentos sean transmitidos a los miembros al menos seis semanas antes de la apertura del período de sesiones.

III. Miembros del Comité

Artículo 11

Serán miembros del Comité las 18 personalidades elegidas de conformidad con los artículos 28 a 34 del Pacto.

Artículo 12

Los miembros del Comité elegidos en la primera elección iniciarán su mandato el 1° de enero de 1977. Los miembros del Comité elegidos en elecciones posteriores iniciarán su mandato el día siguiente a la fecha de expiración del mandato de los miembros del Comité a quienes reemplacen.

Artículo 13

1. Si los demás miembros estiman por unanimidad que un miembro del Comité ha dejado de desempeñar sus funciones por una causa distinta de su ausencia temporal, el Presidente/la Presidenta del Comité lo notificará al Secretario General, quien declarará vacante el puesto de ese miembro.

2. En caso de muerte o renuncia de un miembro del Comité, el Presidente/la Presidenta lo notificará inmediatamente al Secretario General, quien declarará vacante el puesto desde la fecha del fallecimiento o desde la fecha en que sea efectiva la renuncia. El miembro del Comité que presente su renuncia lo notificará por escrito directamente al Presidente/a la Presidenta o al Secretario General, y solo se tomarán medidas para declarar vacante el puesto de ese miembro después de haberse recibido esa notificación.

Artículo 14

Toda vacante que se declare de conformidad con el artículo 13 del presente reglamento se cubrirá con arreglo a lo dispuesto en el artículo 34 del Pacto.

Artículo 15

Todo miembro del Comité que haya sido elegido para cubrir una vacante declarada de conformidad con el artículo 33 del Pacto ocupará el cargo por el resto del mandato del miembro que dejó vacante el puesto en el Comité con arreglo a lo dispuesto en ese artículo.

Artículo 16

Antes de entrar en funciones, todo miembro del Comité declarará solemnemente en sesión pública del Comité lo siguiente:

"Declaro solemnemente que desempeñaré mis funciones de miembro del Comité de Derechos Humanos con toda imparcialidad y conciencia".

IV. Mesa del Comité

Artículo 17

El Comité elegirá de entre sus miembros un Presidente/una Presidenta, tres Vicepresidentes/Vicepresidentas y un Relator/una Relatora.

Artículo 18

Los miembros de la Mesa del Comité serán elegidos por un período de dos años y serán reelegibles. Sin embargo, ninguno de ellos podrá ejercer sus funciones después de haber dejado de ser miembro del Comité.

Artículo 19

El Presidente/la Presidenta ejercerá las funciones que le sean encomendadas por el Pacto, por el reglamento y por las decisiones del Comité. En el ejercicio de esas funciones, el Presidente/la Presidenta seguirá estando sometido/sometida a la autoridad del Comité.

Artículo 20

El Presidente/la Presidenta, si durante un período de sesiones no puede estar presente durante la totalidad o parte de una sesión, designará a uno de los Vicepresidentes/una de las Vicepresidentas para que actúe en su lugar.

Artículo 21

Cuando uno de los Vicepresidentes/una de las Vicepresidentas actúe como Presidente/Presidenta, tendrá los mismos derechos y las mismas obligaciones que el Presidente/la Presidenta.

Artículo 22

Si uno de los miembros de la Mesa del Comité deja de ejercer sus funciones o declara que no está en condiciones de seguir ejerciendo las funciones de miembro del Comité, o si por cualquier razón no puede continuar actuando como miembro de la Mesa, se elegirá un nuevo miembro para el tiempo que quede hasta la expiración del mandato de su predecesor.

V. Secretaría

Artículo 23

1. El Secretario General facilitará los servicios de secretaría (a los que en adelante se denominará "la secretaría") del Comité y de los órganos subsidiarios que pueda crear el Comité.

2. El Secretario General de las Naciones Unidas proporcionará el personal y los servicios necesarios para el eficaz ejercicio de las funciones encomendadas al Comité en virtud del Pacto.

Artículo 24

El Secretario General o un representante suyo asistirán a todas las sesiones del Comité. El Secretario General o su representante podrán, sin perjuicio de lo dispuesto en el artículo 38 del presente reglamento, hacer exposiciones orales o escritas al Comité o a sus órganos subsidiarios.

Artículo 25

El Secretario General adoptará todas las disposiciones necesarias para las reuniones del Comité y de sus órganos subsidiarios.

Artículo 26

El Secretario General estará encargado de informar sin demora a los miembros del Comité de todos los asuntos que puedan ser sometidos al Comité para su examen.

Artículo 27

Antes de que el Comité o uno de sus órganos subsidiarios aprueben una propuesta que implique gastos, el Secretario General preparará y hará que se distribuya a los miembros, lo antes posible, una estimación de los gastos que entrañará la propuesta. El Presidente/la Presidenta deberá señalar esa estimación a la atención de los miembros a fin de que la estudien cuando el Comité o el órgano subsidiario examinen la propuesta.

VI. Idiomas

Artículo 28

El árabe, el chino, el español, el francés, el inglés y el ruso serán los idiomas oficiales del Comité, y el árabe, el español, el francés, el inglés y el ruso serán los idiomas de trabajo.

Artículo 29

La Secretaría de las Naciones Unidas proporcionará los servicios de interpretación. Los discursos pronunciados en uno de los idiomas de trabajo serán interpretados a los demás idiomas de trabajo. Los discursos pronunciados en un idioma oficial serán interpretados a los idiomas de trabajo.

Artículo 30

Todo orador que se dirija al Comité en un idioma que no sea uno de los idiomas oficiales se encargará normalmente de proporcionar la interpretación a uno de los idiomas de trabajo. La interpretación hecha a los demás idiomas de trabajo podrá basarse en la interpretación hecha al idioma de trabajo utilizado en primer lugar.

Artículo 31

Se levantarán actas resumidas de las sesiones del Comité en los idiomas de trabajo.

Artículo 32

Todas las decisiones oficiales del Comité se comunicarán en los idiomas oficiales.

Todos los demás documentos oficiales del Comité se publicarán en los idiomas de trabajo y, si lo decide el Comité, todo documento oficial se podrá publicar en todos los idiomas oficiales.

VII. Sesiones públicas y sesiones privadas

Artículo 33

Las sesiones del Comité y de sus órganos subsidiarios serán públicas, a menos que el Comité decida otra cosa al respecto o que de las disposiciones pertinentes del Pacto o del Protocolo se desprenda que la sesión debe celebrarse en privado. La aprobación de las observaciones finales de conformidad con el artículo 40 tendrá lugar en sesión privada.

Artículo 34

Al final de cada sesión privada, el Comité o su órgano subsidiario podrán publicar un comunicado por conducto del Secretario General.

VIII. Actas

Artículo 35

La secretaría preparará actas resumidas de las sesiones públicas y privadas del Comité y de sus órganos subsidiarios. Las actas se distribuirán lo antes posible, en forma provisional, a los miembros del Comité y a todos los demás participantes en la sesión.

Todos esos participantes podrán, dentro de los tres días laborables siguientes a la recepción del acta resumida de la sesión, presentar correcciones a la secretaría. Toda discrepancia sobre tales rectificaciones será resuelta por el Presidente/la Presidenta del Comité o por el Presidente/la Presidenta del órgano subsidiario a cuyos debates se refiera el acta o, en el caso de que subsista la discrepancia, por decisión del Comité o del órgano subsidiario.

Artículo 36

1. Las actas resumidas de las sesiones públicas del Comité en su forma definitiva serán documentos de distribución general, a menos que el Comité, en circunstancias excepcionales, decida otra cosa al respecto.

2. Las actas resumidas de las sesiones privadas serán distribuidas a los miembros del Comité y a los demás participantes en las sesiones. Podrán ser facilitadas a otras personas, cuando lo decida el Comité, en el momento y en las condiciones que este decida.

IX. Dirección de los debates

Artículo 37

Doce miembros del Comité constituirán *quorum*.

Artículo 38

El Presidente/la Presidenta declarará abierta y levantará cada una de las sesiones del Comité, dirigirá los debates, velará por la aplicación del presente reglamento, concederá la palabra, someterá las cuestiones a votación y proclamará las decisiones. Sin perjuicio de lo dispuesto en el presente reglamento, el Presidente/la Presidenta dirigirá las actuaciones del Comité y velará por el mantenimiento del orden en sus sesiones. Durante el debate sobre un tema, el Presidente/la Presidenta podrá proponer al Comité la limitación del tiempo de uso de la palabra, la limitación del número de intervenciones de cada orador sobre una misma cuestión y el cierre de la lista de oradores. El Presidente/la Presidenta resolverá las cuestiones de orden y estará facultado/facultada para proponer el aplazamiento o el cierre del debate o la suspensión o el levantamiento de una sesión. Los debates se limitarán al asunto que esté examinando el Comité, y el Presidente/la Presidenta podrá llamar al orden a un orador cuyas observaciones no guarden relación con la cuestión que se esté debatiendo.

Artículo 39

Durante el debate sobre cualquier asunto, todo miembro podrá plantear en cualquier momento una cuestión de orden, y el Presidente/la Presidenta la resolverá inmediatamente conforme al reglamento. Toda apelación de la decisión del Presidente/de la Presidenta será sometida inmediatamente a votación, y la decisión del Presidente/de la Presidenta prevalecerá a menos que sea revocada por la mayoría de los miembros presentes. El miembro que plantee una cuestión de orden no podrá tratar el fondo de la cuestión que se esté debatiendo.

Artículo 40

Durante el debate sobre cualquier asunto, todo miembro podrá proponer que se aplacen las deliberaciones sobre el tema que se esté discutiendo. Además del autor de la moción, podrán hacer uso de la palabra uno de los miembros a favor de la moción y otro en contra, después de lo cual la moción será sometida inmediatamente a votación.

Artículo 41

El Comité podrá limitar la duración de las intervenciones de cada orador sobre una misma cuestión. Cuando los debates estén limitados y un orador rebase el tiempo que se le haya concedido, el Presidente/la Presidenta lo llamará al orden inmediatamente.

Artículo 42

Cuando el debate sobre un tema haya concluido por no haber más oradores, el Presidente/la Presidenta declarará cerrado el debate. En tal caso, el cierre del debate surtirá el mismo efecto que si hubiera sido aprobado por el Comité.

Artículo 43

Todo miembro podrá proponer en cualquier momento que se cierre el debate sobre el tema que se esté discutiendo, aun cuando otros miembros o representantes hayan manifestado el deseo de hacer uso de la palabra. Solo se permitirá hacer uso de la palabra sobre el cierre del debate a dos oradores que se opongan al cierre, después de lo cual la moción será sometida inmediatamente a votación.

Artículo 44

Durante el debate sobre cualquier asunto, todo miembro podrá proponer la suspensión o el levantamiento de la sesión. No se permitirá ningún debate sobre tales mociones, que serán sometidas inmediatamente a votación.

Artículo 45

Sin perjuicio de lo dispuesto en el artículo 39 del presente reglamento, las siguientes mociones tendrán precedencia, en el orden que se indica a continuación, sobre todas las demás propuestas o mociones presentadas:

a) Suspensión de la sesión;

b) Levantamiento de la sesión;

c) Aplazamiento del debate sobre el tema que se esté debatiendo;

d) Cierre del debate sobre el tema que se esté debatiendo.

Artículo 46

A menos que el Comité decida otra cosa al respecto, las propuestas y las enmiendas o mociones de fondo presentadas por los miembros se entregarán por escrito a la secretaría; si un miembro lo pide, se aplazará su examen hasta la próxima sesión que se celebre después del día de su presentación.

Artículo 47

Sin perjuicio de lo dispuesto en el artículo 45 del presente reglamento, toda moción presentada por un miembro para que el Comité decida si es competente para aprobar una propuesta que se le haya presentado será sometida a votación inmediatamente antes de someterse a votación la propuesta de que se trate.

Artículo 48

El autor de una moción podrá retirarla en cualquier momento antes de que haya sido sometida a votación, a condición de que no haya sido objeto de ninguna enmienda. Toda moción así retirada podrá ser presentada de nuevo por cualquier miembro.

Artículo 49

Cuando una propuesta haya sido aprobada o rechazada, no podrá ser examinada de nuevo en el mismo período de sesiones, a menos que el Comité decida hacerlo. La autorización para hacer uso de la palabra sobre una moción de que se proceda a un nuevo examen solo se concederá a dos oradores partidarios de la moción y a dos oradores opuestos a ella, después de lo cual la moción será sometida inmediatamente a votación.

X. Votaciones

Artículo 50

Cada miembro del Comité tendrá un voto.

114

Artículo 51[1]

A menos que en el Pacto o en otros artículos del presente reglamento se disponga otra cosa al respecto, las decisiones del Comité se tomarán por mayoría de los miembros presentes.

Artículo 52

Sin perjuicio de lo dispuesto en el artículo 58 del presente reglamento, las votaciones del Comité se harán normalmente alzando la mano, a menos que un miembro solicite que se proceda a votación nominal, la cual se efectuará entonces siguiendo el orden alfabético de los nombres de los miembros del Comité, comenzando por el miembro cuyo nombre sea sacado a suerte por el Presidente/la Presidenta.

Artículo 53

El voto de cada miembro que participe en una votación nominal será consignado en acta.

Artículo 54

Después de comenzada una votación, no se la interrumpirá, a menos que un miembro plantee una cuestión de orden relativa a la forma en que se esté efectuando la votación. El Presidente/la Presidenta podrá permitir que los miembros intervengan brevemente, antes de comenzar la votación o una vez concluida esta, pero solamente para explicar su voto.

Artículo 55

Si un miembro pide que se divida una propuesta, esta será sometida a votación por partes. Las partes de la propuesta que hayan sido aprobadas serán entonces sometidas a votación en conjunto; si todas las partes dispo-

---

[1] En su primer período de sesiones, el Comité decidió que en una nota de pie de página al artículo 51 del reglamento provisional se hiciese constar lo siguiente:

1. Los miembros del Comité expresaron en general la opinión de que su método de trabajo normalmente debería permitir que se tratara de adoptar decisiones por consenso antes de proceder a votación, siempre que se observaran el Pacto y el reglamento y que no se retrasaran excesivamente los trabajos del Comité.

2. Teniendo en cuenta el párrafo 1 que antecede, en cualquier sesión el Presidente/la Presidenta podrá someter la propuesta a votación y, a petición de cualquier miembro, deberá hacerlo.

sitivas de una propuesta han sido rechazadas, se considerará que la propuesta ha sido rechazada en su totalidad.

Artículo 56

1. Cuando se haya presentado una enmienda a una propuesta, se votará primero sobre la enmienda. Cuando se hayan presentado dos o más enmiendas a una propuesta, el Comité votará primero sobre la que se aparte más, en cuanto al fondo, de la propuesta original; después votará sobre la enmienda que, después de la votada anteriormente, se aparte más de la propuesta, y así sucesivamente hasta que se haya votado sobre todas las enmiendas. Si se aprueban una o varias de las enmiendas, se someterá a votación la propuesta enmendada.

2. Se considerará que una moción es una enmienda a una propuesta si solamente entraña una adición a esa propuesta o una supresión o modificación de parte de esa propuesta.

Artículo 57

1. Cuando dos o más propuestas se refieran a la misma cuestión, el Comité, a menos que decida otra cosa al respecto, votará sobre tales propuestas en el orden en que hayan sido presentadas.

2. Después de cada votación, el Comité podrá decidir votar o no sobre la propuesta siguiente.

3. Sin embargo, las mociones encaminadas a que el Comité no se pronuncie sobre el fondo de las propuestas se considerarán como cuestiones previas y se someterán a votación antes de las propuestas.

Artículo 58

Las elecciones se efectuarán por votación secreta, a menos que el Comité decida otra cosa al respecto, cuando para un cargo dado haya solamente un candidato.

Artículo 59

1. Cuando se trate de elegir a una sola persona o a un solo miembro, si ningún candidato obtiene en la primera votación la mayoría requerida, se procederá a una segunda votación limitada a los dos candidatos que hayan obtenido mayor número de votos.

2. Si la segunda votación no da resultado decisivo y se requiere la mayoría de los miembros presentes, se procederá a una tercera votación en la que se podrá votar por cualquier candidato elegible. Si la tercera votación no da resultado decisivo, la votación siguiente se limitará a los dos

candidatos que hayan obtenido más votos en la tercera votación, y así sucesivamente, procediendo alternativamente a votaciones no limitadas y a votaciones limitadas hasta que se haya elegido a una persona o a un miembro.

3. Si la segunda votación no da resultado decisivo y se requiere una mayoría de dos tercios, se continuarán las votaciones hasta que uno de los candidatos obtenga la mayoría de dos tercios necesaria. En las tres votaciones siguientes, se podrá votar por cualquier candidato elegible. Si tres votaciones no limitadas no dan resultado decisivo, las tres votaciones siguientes se limitarán a los dos candidatos que hayan obtenido más votos en la tercera votación no limitada; las tres votaciones ulteriores serán sin limitación de candidatos, y así sucesivamente hasta que se haya elegido a una persona o a un miembro.

Artículo 60

Cuando hayan de cubrirse al mismo tiempo y en las mismas condiciones dos o más cargos electivos, se declarará elegidos a los candidatos que obtengan en la primera votación la mayoría requerida. Si el número de candidatos que obtienen tal mayoría es menor que el de las personas o miembros que hayan de ser elegidos, se efectuarán votaciones adicionales para cubrir los puestos restantes, limitándose la votación a los candidatos que hayan obtenido más votos en la votación anterior, de modo que el número de candidatos no sea mayor del doble del número de cargos que queden por cubrir; sin embargo, después del tercer escrutinio sin resultado decisivo se podrá votar por cualquier candidato elegible. Si tres votaciones no limitadas no dan resultado decisivo, las tres votaciones siguientes se limitarán a los candidatos que hayan obtenido mayor número de votos en la tercera votación no limitada, de modo que el número de candidatos no sea mayor del doble del número de cargos que queden por cubrir; las tres votaciones ulteriores serán sin limitación de candidatos, y así sucesivamente hasta que se hayan cubierto todos los cargos.

Artículo 61

En caso de empate en una votación cuyo objeto no sea una elección, se considerará rechazada la propuesta.

XI. Órganos subsidiarios

Artículo 62

1. El Comité podrá, teniendo en cuenta lo dispuesto en el Pacto y en el Protocolo Facultativo, establecer los subcomités y los demás órganos subsidiarios especiales que considere necesarios para el ejercicio de sus funciones, y determinar su composición y su mandato.

Sin perjuicio de lo dispuesto en el Pacto y en el Protocolo Facultativo, y a menos que el Comité decida otra cosa al respecto, cada órgano subsidiario elegirá su propia Mesa y podrá aprobar su propio reglamento. A falta de este, se aplicará *mutatis mutandis* el presente reglamento.

XII. Informe anual del Comité

Artículo 63

De conformidad con lo dispuesto en el artículo 45 del Pacto, el Comité presentará a la Asamblea General de las Naciones Unidas, por conducto del Consejo Económico y Social, un informe anual sobre sus actividades en el que incluirá un resumen de sus actividades relacionadas con el Protocolo, conforme a lo dispuesto en el artículo 6 de este.

XIII. Distribución de los informes y de otros documentos oficiales del Comité

Artículo 64

1. Sin perjuicio de lo dispuesto en el artículo 36 del presente reglamento y en los párrafos 2 y 3 de este artículo, los informes, las decisiones formales y todos los demás documentos oficiales del Comité y de sus órganos subsidiarios serán documentos de distribución general, a menos que el Comité decida otra cosa al respecto.

2. La secretaría distribuirá a todos los miembros del Comité, a los Estados partes interesados y, cuando lo decida el Comité, a los miembros de sus órganos subsidiarios y a los demás interesados, todos los informes, decisiones formales y demás documentos oficiales del Comité y de sus órganos subsidiarios relativos a los artículos 41 y 42 del Pacto y al Protocolo.

3. Los informes y demás información que presenten los Estados partes en virtud del artículo 40 del Pacto serán documentos de distribución general. Esta norma se aplicará también a toda otra información proporcionada por un Estado parte, a menos que el Estado parte interesado solicite otra cosa al respecto.

XIV. Enmiendas

Artículo 65

El presente reglamento podrá modificarse por decisión del Comité, sin perjuicio de las disposiciones pertinentes del Pacto y del Protocolo.

Parte II

Artículos relativos a las funciones del Comité

XV.   Informes presentados por los Estados partes en virtud del artículo 40 del Pacto

Artículo 66

1. Los Estados partes en el Pacto presentarán informes sobre las medidas que hayan adoptado que den efecto a los derechos reconocidos en el Pacto y sobre los progresos que hayan realizado en cuanto al disfrute de esos derechos. Los informes señalarán, en su caso, los factores y las dificultades que afecten a la aplicación del Pacto.

2. El Comité podrá pedir que se presenten informes en virtud del artículo 40, párrafo 1 b), del Pacto con la periodicidad que decida el Comité o en todo momento que juzgue procedente. En el caso de que surja una situación excepcional cuando el Comité no se encuentre reunido, el Presidente/la Presidenta podrá, después de haber consultado con los miembros del Comité, pedir que se presenten informes.

3. El Comité, siempre que pida a los Estados partes que presenten informes en virtud del artículo 40, párrafo 1 b), del Pacto, decidirá las fechas en que habrán de presentarse esos informes.

4. El Comité podrá, por conducto del Secretario General, informar a los Estados partes de sus deseos en cuanto a la forma y al contenido de los informes que deben presentarse en virtud del artículo 40 del Pacto.

Artículo 67

1. El Secretario General podrá, después de consultar con el Comité, transmitir a los organismos especializados interesados copias de las partes de los informes de los Estados miembros de esos organismos que estén relacionadas con sus esferas de competencia.

2. El Comité podrá invitar a los organismos especializados a los que el Secretario General haya transmitido partes de los informes a presentar observaciones sobre esas partes dentro de los plazos que decida el Comité.

Artículo 68

1. El Comité notificará a los Estados partes, por conducto del Secretario General, la fecha de apertura, la duración y el lugar de celebración del período de sesiones en el que se examinarán sus informes respectivos. Los representantes de los Estados partes podrán asistir a las sesiones del Comité en las que se examinen sus informes. El Comité también podrá

comunicar a todo Estado parte al que decida pedir información adicional que puede autorizar a un representante suyo a asistir a una sesión determinada. Ese representante deberá estar en condiciones de responder a las preguntas que pueda hacerle el Comité y de hacer declaraciones sobre los informes ya presentados por el Estado parte interesado, y también podrá proporcionar información adicional procedente de ese Estado parte.

2. Si un Estado parte ha presentado un informe pero no envía a ningún representante al período de sesiones en el que se le ha notificado que se examinará su informe, el Comité podrá, a su discreción, notificar al Estado parte por conducto del Secretario General que, en el período de sesiones inicialmente especificado o en un período de sesiones posterior que se especifique, se propone examinar el informe y presentar sus observaciones finales de conformidad con el artículo 71, párrafo 3, del presente reglamento. En las observaciones finales se especificará la fecha en que deberá presentarse el siguiente informe periódico con arreglo al artículo 66 del presente reglamento.

Artículo 69

1. En cada período de sesiones, el Secretario General notificará al Comité todos los casos en que no se hayan presentado los informes o la información adicional solicitados de conformidad con los artículos 66 y 71 del presente reglamento. En tales casos, el Comité podrá enviar al Estado parte interesado, por conducto del Secretario General, un recordatorio relativo a la presentación del informe o de la información adicional.

2. Si, después de transmitido el recordatorio al que se hace referencia en el párrafo 1 de este artículo, el Estado parte no presenta el informe o la información adicional solicitados de conformidad con los artículos 66 y 71 del presente reglamento, el Comité lo señalará en el informe anual que presenta a la Asamblea General de las Naciones Unidas por conducto del Consejo Económico y Social.

Artículo 70

1. En los casos en que se haya notificado al Comité, con arreglo al artículo 69, párrafo 1, del presente reglamento, que un Estado no ha presentado de conformidad con el artículo 66, párrafo 3, ningún informe en virtud del artículo 40, párrafo 1 a) o b), del Pacto, y en que el Comité haya enviado los recordatorios correspondientes al Estado parte, el Comité podrá, a su discreción, notificar al Estado parte, por conducto del Secretario General, que se propone examinar en sesión pública, en la fecha o en el período de sesiones que se especifique en la notificación, las medidas

adoptadas por el Estado parte para dar efecto a los derechos reconocidos en el Pacto, y proceder a adoptar sus observaciones finales.

2. El Comité, cuando actúe con arreglo al párrafo 1 de este artículo, transmitirá al Estado parte, con suficiente antelación a la fecha o al período de sesiones especificados, una lista de cuestiones relacionada con los asuntos que vayan a examinarse.

3. Las observaciones finales provisionales del Comité se comunicarán al Estado parte, de conformidad con el artículo 71, párrafo 3, del presente reglamento, y se harán públicas. El Estado parte presentará su siguiente informe en un plazo de dos años, contados a partir de la aprobación de las observaciones finales.

Artículo 71

1. Al estudiar un informe presentado por un Estado parte en virtud del artículo 40 del Pacto, el Comité se cerciorará en primer lugar de que el informe contiene toda la información requerida conforme a lo dispuesto en el artículo 66 del presente reglamento.

2. Si, a juicio del Comité, un informe presentado por un Estado parte en virtud del artículo 40 del Pacto no contiene información suficiente, el Comité podrá pedir a ese Estado que proporcione la información complementaria necesaria, indicando en qué fecha deberá presentarla.

3. Después de examinar los informes presentados o toda la demás información proporcionada por un Estado parte, el Comité podrá formular las observaciones finales pertinentes, que serán comunicadas a ese Estado parte, junto con la indicación de la fecha en que deberá presentarse el siguiente informe en virtud del artículo 40 del Pacto.

4. Ningún miembro del Comité podrá participar en el examen del informe de un Estado parte ni en el debate y la aprobación de las observaciones finales si se refieren al Estado parte en relación con el cual fue elegido/elegida como miembro del Comité.

5. El Comité podrá pedir al Estado parte que dé prioridad a determinados aspectos de sus observaciones finales.

Artículo 72

El Comité, cuando conforme al artículo 71, párrafo 5, del presente reglamento haya pedido que se dé prioridad a determinados aspectos de sus observaciones finales sobre el informe de un Estado parte, establecerá un procedimiento para examinar las respuestas del Estado parte sobre esos aspectos y para decidir las medidas consiguientes apropiadas, en particular la fecha de presentación del siguiente informe periódico.

Artículo 73

El Comité comunicará a los Estados partes, por conducto del Secretario General, las observaciones generales que haya adoptado en virtud del artículo 40, párrafo 4, del Pacto.

XVI. Procedimiento para el examen de las comunicaciones recibidas en virtud del artículo 41 del Pacto

Artículo 74

1. Toda comunicación efectuada en virtud del artículo 41 del Pacto podrá ser sometida al Comité por uno u otro de los Estados partes interesados mediante notificación hecha de conformidad con el párrafo 1, apartado b), de ese artículo.

2. La notificación a que se refiere el párrafo 1 de este artículo contendrá información sobre los siguientes elementos o irá acompañada de esa información:

a) Las medidas adoptadas para intentar resolver la cuestión de conformidad con el artículo 41, párrafo 1 a) y b), del Pacto, incluido el texto de la comunicación inicial y de cualquier otra explicación o declaración pertinente que hayan hecho posteriormente los Estados partes interesados;

b) Las medidas adoptadas para agotar los recursos internos;

c) Cualquier otro procedimiento de investigación o solución internacional a que hayan recurrido los Estados partes interesados.

Artículo 75

El Secretario General llevará un registro permanente de todas las comunicaciones recibidas por el Comité en virtud del artículo 41 del Pacto.

Artículo 76

El Secretario General informará sin demora a los miembros del Comité de toda notificación recibida en virtud del artículo 74 del presente reglamento y les transmitirá lo antes posible copia de la notificación, así como la información pertinente.

Artículo 77

1. El Comité examinará en sesión privada las comunicaciones recibidas en virtud del artículo 41 del Pacto.

2. El Comité, después de consultar con los Estados partes interesados, podrá publicar, por conducto del Secretario General, comunicados destinados a los medios de información y al público en general, sobre las actuaciones del Comité en sus sesiones privadas.

Artículo 78

El Comité no examinará una comunicación a menos que:

a) Los dos Estados partes interesados hayan hecho, con arreglo al artículo 41, párrafo 1, del Pacto, declaraciones que sean aplicables a la comunicación;

b) Haya expirado el plazo establecido en el artículo 41, párrafo 1 b), del Pacto;

c) El Comité se haya cerciorado de que en el asunto de que se trate se han interpuesto y agotado todos los recursos de la jurisdicción interna disponibles, de conformidad con los principios de derecho internacional generalmente reconocidos, o de que la tramitación de los recursos se prolonga injustificadamente.

Artículo 79

Sin perjuicio de lo dispuesto en el artículo 78 del presente reglamento, el Comité pondrá sus buenos oficios a la disposición de los Estados partes interesados, a fin de llegar a una solución amistosa del asunto fundada en el respeto de los derechos humanos y de las libertades fundamentales reconocidos en el Pacto.

Artículo 80

El Comité podrá, por conducto del Secretario General, pedir a los Estados partes interesados o a uno de ellos que presenten verbalmente o por escrito información u observaciones adicionales. El Comité fijará un plazo para la presentación de esa información o de esas observaciones por escrito.

Artículo 81

1. Los Estados partes interesados tendrán derecho a estar representados cuando el Comité examine el asunto y a hacer observaciones verbalmente, por escrito o de ambas formas.

2. El Comité notificará lo antes posible a los Estados partes interesados, por conducto del Secretario General, la fecha de apertura, la duración y el lugar de celebración del período de sesiones en el que se examinará el asunto.

3. El Comité decidirá, previa consulta con los Estados partes interesados, el procedimiento para la presentación de observaciones verbales, escritas o de ambos tipos.

Artículo 82

1. Dentro de los 12 meses siguientes a la fecha en que haya recibido la notificación a la que se refiere el artículo 74 del presente reglamento, el Comité aprobará un informe de conformidad con el artículo 41, párrafo 1 h), del Pacto.

2. Lo dispuesto en el artículo 81, párrafo 1, del presente reglamento no será aplicable a las deliberaciones del Comité sobre la aprobación del informe.

3. El informe del Comité será transmitido, por conducto del Secretario General, a los Estados partes interesados.

Artículo 83

Si un asunto sometido al Comité de conformidad con el artículo 41 del Pacto no se resuelve a satisfacción de los Estados partes interesados, el Comité podrá, con el consentimiento previo de esos Estados, aplicar el procedimiento establecido en el artículo 42 del Pacto.

XVII. Procedimiento para el examen de las comunicaciones recibidas de conformidad con el Protocolo Facultativo

A. Transmisión de comunicaciones al Comité

Artículo 84

1. El Secretario General señalará a la atención del Comité, con arreglo al presente reglamento, las comunicaciones que se hayan presentado o parezcan haberse presentado para su examen por el Comité de conformidad con el artículo 1 del Protocolo Facultativo.

2. El Secretario General podrá, cuando sea necesario, pedir al autor de una comunicación que aclare si desea que la comunicación sea sometida al Comité para su examen de conformidad con el Protocolo Facultativo. Si subsisten dudas en cuanto al deseo del autor, la comunicación será sometida al Comité.

3. Las comunicaciones que se refieran a un Estado que no sea parte en el Protocolo Facultativo no serán aceptadas por el Comité ni incluidas en las listas mencionadas en el artículo 85 del presente reglamento.

Artículo 85

1. El Secretario General preparará listas de las comunicaciones sometidas al Comité de conformidad con el artículo 84 del presente reglamento, con un breve resumen de su contenido, y las distribuirá a intervalos regulares a los miembros del Comité. El Secretario General llevará además un registro permanente de todas esas comunicaciones.

2. El texto completo de toda comunicación señalada a la atención del Comité será facilitado a todo miembro del Comité que lo solicite.

Artículo 86

1. El Secretario General podrá pedir al autor de una comunicación que haga aclaraciones sobre la aplicabilidad del Protocolo Facultativo a su comunicación, y que precise en particular los puntos siguientes:

a) El nombre, la dirección, la edad y la ocupación del autor, justificando su identidad;

b) El nombre del Estado parte contra el que se dirija la comunicación;

c) El objeto de la comunicación;

d) La disposición o las disposiciones del Pacto cuya violación se alegue;

e) Los hechos en que se base la reclamación;

f) Las medidas adoptadas por el autor para agotar los recursos de la jurisdicción interna;

g) La medida en que el mismo asunto esté siendo examinado ya en el marco de otro procedimiento de examen o arreglo internacionales.

2. El Secretario General, cuando solicite aclaraciones o información, fijará un plazo apropiado al autor de la comunicación a fin de evitar demoras indebidas en el procedimiento previsto en el Protocolo Facultativo.

3. El Comité podrá aprobar un cuestionario para pedir al autor de la comunicación la información mencionada más arriba.

4. La petición de aclaraciones a la que se refiere el párrafo 1 de este artículo no impedirá que se incluya la comunicación en la lista mencionada en el artículo 85, párrafo 1, del presente reglamento.

Artículo 87

En relación con cada comunicación registrada, el Secretario General preparará un resumen de la información pertinente obtenida y hará que se distribuya ese resumen a los miembros del Comité a la mayor brevedad posible.

B. Disposiciones generales sobre el examen de las comunicaciones por el Comité o por sus órganos subsidiarios

Artículo 88

Las sesiones del Comité o de sus órganos subsidiarios en las que se examinen las comunicaciones previstas en el Protocolo Facultativo se celebrarán a puerta cerrada. Las sesiones en la que el Comité examine cuestiones de carácter general, como los procedimientos de aplicación del Protocolo Facultativo, podrán ser públicas si el Comité así lo decide.

Artículo 89

El Comité podrá publicar, por conducto del Secretario General, comunicados destinados a los medios de información y al público en general sobre las actuaciones del Comité en sus sesiones privadas.

Artículo 90

1. Ningún miembro participará en el examen de una comunicación por el Comité:

a) Si la comunicación concierne al Estado parte en relación con el cual fue elegido/elegida como miembro del Comité;

b) Si ese miembro tiene algún interés personal en el asunto, o

c) Si ese miembro ha participado de algún modo en la adopción de cualquier decisión sobre el asunto al que se refiera la comunicación.

2. El Comité decidirá sobre cualquier cuestión relativa a la aplicación del párrafo 1 de este artículo.

Artículo 91

Si, por cualquier razón, un miembro considera que no debe participar o seguir participando en el examen de una comunicación, informará al Presidente/a la Presidenta de que se retira.

Artículo 92

El Comité podrá, antes de transmitir su dictamen sobre la comunicación al Estado parte interesado, comunicar a ese Estado su opinión sobre la conveniencia de adoptar medidas provisionales para evitar un daño irreparable a la víctima de la violación denunciada. En tal caso, el Comité informará al Estado parte interesado de que esa expresión de su opinión sobre las medidas provisionales no implica ninguna decisión sobre el fondo de la comunicación.

C. Procedimiento para determinar la admisibilidad

Artículo 93

1. El Comité decidirá, lo antes posible y de conformidad con los artículos siguientes del presente reglamento, si la comunicación es o no admisible con arreglo al Protocolo Facultativo.

2. Un grupo de trabajo establecido con arreglo al artículo 95, párrafo 1, del presente reglamento podrá también declarar que una comunicación es admisible, siempre que el grupo esté integrado por cinco miembros y que estos lo decidan por unanimidad.

3. Un grupo de trabajo establecido con arreglo al artículo 95, párrafo 1, del presente reglamento podrá declarar que una comunicación es inadmisible, siempre que esté integrado por al menos cinco miembros y que estos lo decidan por unanimidad. La decisión se transmitirá al Pleno del Comité, que podrá confirmarla sin proceder a un debate formal. Si algún miembro del Comité pide que se proceda a un debate en el Pleno, este examinará la comunicación y adoptará una decisión.

Artículo 94

1. A menos que el Comité o un grupo de trabajo establecido con arreglo al artículo 95, párrafo 1, del presente reglamento decidan otra cosa al respecto, las comunicaciones se examinarán en el orden en que hayan sido recibidas por la secretaría.

2. El Comité o un grupo de trabajo establecido con arreglo al artículo 95, párrafo 1, del presente reglamento podrán decidir, si lo consideran procedente, que se examinen conjuntamente dos o más comunicaciones.

Artículo 95

1. El Comité podrá establecer uno o varios grupos de trabajo para que le hagan recomendaciones sobre el cumplimiento de las condiciones de admisibilidad establecidas en los artículos 1, 2, 3 y en el artículo 5, párrafo 2, del Protocolo Facultativo.

2. El reglamento del Comité se aplicará en toda la medida de lo posible a las reuniones de los grupos de trabajo.

3. El Comité podrá nombrar de entre sus miembros a relatores especiales para que lo ayuden a examinar las comunicaciones.

Artículo 96

Para decidir sobre la admisibilidad de una comunicación, el Comité o un grupo de trabajo establecido con arreglo al artículo 95, párrafo 1, del presente reglamento comprobarán:

a) Que la comunicación no es anónima y que procede de una o varias personas que se hallan bajo la jurisdicción de un Estado parte en el Protocolo Facultativo.

b) Que la persona alega, de modo suficientemente fundamentado, que es víctima de una violación, por ese Estado parte, de cualquiera de los derechos enunciados en el Pacto. Normalmente, la comunicación deberá ser presentada por la propia persona o por un representante suyo; no obstante, se podrá aceptar una comunicación presentada en nombre de una presunta víctima cuando sea evidente que esta no está en condiciones de presentar personalmente la comunicación.

c) Que la comunicación no constituye un abuso del derecho a presentar una comunicación. En principio, la demora en presentar una comunicación no puede invocarse como base de una decisión de inadmisibilidad *ratione temporis* fundada en el abuso del derecho a presentar una comunicación. Sin embargo, podrá constituir abuso de ese derecho la presentación de una comunicación 5 años después del agotamiento de los recursos internos por su autor o, en su caso, 3 años después de la conclusión de otro procedimiento de examen o arreglo internacionales, a menos que la demora esté justificada habida cuenta de todas las circunstancias de la comunicación[2].

d) Que la comunicación no es incompatible con las disposiciones del Pacto.

e) Que el mismo asunto no está siendo examinado ya en el marco de otro procedimiento de examen o arreglo internacionales.

f) Que la persona ha agotado todos los recursos de la jurisdicción interna disponibles.

---

[2]   Esta norma, en su forma modificada, se aplicará a las comunicaciones recibidas por el Comité a partir del 1° de enero de 2012.

Artículo 97

1. Tan pronto como se haya recibido la comunicación, el Comité, un grupo de trabajo establecido con arreglo al artículo 95, párrafo 1, del presente reglamento, o un relator especial designado de conformidad con el artículo 95, párrafo 3, pedirán al Estado parte interesado que presente por escrito una respuesta a la comunicación.

2. Dentro del plazo de seis meses, el Estado parte interesado deberá presentar por escrito al Comité explicaciones u observaciones relativas tanto a la admisibilidad como al fondo de la comunicación, así como a toda medida correctiva que se haya adoptado en relación con el asunto, a menos que el Comité, el grupo de trabajo o el relator especial hayan decidido, a causa del carácter excepcional del asunto, solicitar una respuesta escrita que se refiera solamente a la cuestión de la admisibilidad. El Estado parte al que se haya pedido que presente por escrito una respuesta relacionada solamente con la cuestión de la admisibilidad podrá no obstante presentar por escrito, dentro de los seis meses que sigan a la petición, una respuesta relativa tanto a la admisibilidad como al fondo de la comunicación.

3. Todo Estado parte que haya recibido una petición para que presente por escrito, de conformidad con el párrafo 1 de este artículo, una respuesta relativa tanto a la admisibilidad como al fondo de la comunicación, podrá solicitar por escrito, dentro del plazo de dos meses, que se declare inadmisible la comunicación, indicando los motivos de inadmisibilidad. La presentación de esa solicitud no prolongará el plazo de seis meses concedido al Estado parte para presentar por escrito su respuesta a la comunicación, a menos que el Comité, un grupo de trabajo establecido con arreglo al artículo 95, párrafo 1, del presente reglamento o un relator especial designado de conformidad con el artículo 95, párrafo 3, decidan prorrogar el plazo para la presentación de la respuesta, a causa de las circunstancias especiales del asunto, hasta que el Comité se haya pronunciado sobre la cuestión de la admisibilidad.

4. El Comité, el grupo de trabajo establecido con arreglo al artículo 95, párrafo 1, del presente reglamento o un relator especial designado de conformidad con el artículo 95, párrafo 3, podrán pedir al Estado parte o al autor de la comunicación que presente por escrito, dentro del plazo que se especifique, información u observaciones adicionales sobre la admisibilidad o el fondo de la comunicación.

5. En toda petición que se dirija a un Estado parte con arreglo al párrafo 1 de este artículo se indicará que tal petición no implica que se haya llegado a ninguna decisión sobre la cuestión de la admisibilidad.

6. Dentro del plazo fijado, se podrá dar a cada parte la oportunidad de hacer observaciones sobre la información y las observaciones presentadas por la otra parte de conformidad con este artículo.

Artículo 98

1. El Comité, si decide que una comunicación es inadmisible en virtud del Protocolo Facultativo, comunicará su decisión lo antes posible, por conducto del Secretario General, al autor de la comunicación y, si se hubiera transmitido esta al Estado parte interesado, a ese Estado parte.

2. El Comité, si ha declarado inadmisible una comunicación en virtud del artículo 5, párrafo 2, del Protocolo Facultativo, podrá reconsiderar ulteriormente esa decisión si la persona interesada u otra persona que actúe en su nombre presentan por escrito una petición en la que se indique que ya no se dan los motivos de inadmisibilidad mencionados en el artículo 5, párrafo 2.

D. Procedimiento para el examen de las comunicaciones en cuanto al fondo

Artículo 99

1. En los casos en que la decisión sobre la admisibilidad se adopte antes de haber recibido la respuesta del Estado parte sobre el fondo de la comunicación, si el Comité o un grupo de trabajo establecido con arreglo al artículo 95, párrafo 1, del presente reglamento deciden que la comunicación es admisible, esa decisión y toda la demás información pertinente se transmitirán, por conducto del Secretario General, al Estado parte interesado. También se informará de la decisión, por conducto del Secretario General, al autor de la comunicación.

2. En un plazo de seis meses, el Estado parte interesado deberá presentar por escrito al Comité explicaciones u observaciones en las que aclare el asunto que se examina y señale las medidas correctivas que, en su caso, haya adoptado al respecto.

3. Toda explicación o observación que presente un Estado parte en cumplimiento de este artículo será comunicada, por conducto del Secretario General, al autor de la comunicación, quien podrá presentar por escrito información u observaciones adicionales en el plazo que se fije.

4. Al examinar una comunicación en cuanto al fondo, el Comité podrá reconsiderar su decisión de declararla admisible, teniendo en cuenta las explicaciones u observaciones que presente el Estado parte con arreglo a este artículo.

Artículo 100

1. En los casos en que las partes hayan presentado información relativa tanto a la admisibilidad como al fondo, o en los casos en que ya se haya adoptado una decisión sobre la admisibilidad y en que las partes hayan presentado información sobre el fondo, el Comité examinará la comunicación teniendo en cuenta toda la información que le hayan presentado por escrito la persona y el Estado parte interesado y emitirá su dictamen al respecto. Antes de ello, el Comité podrá remitir la comunicación a un grupo de trabajo establecido con arreglo al artículo 95, párrafo 1, del presente reglamento o un relator especial designado de conformidad con el artículo 95, párrafo 3, para que le hagan recomendaciones.

2. El Comité no se pronunciará sobre el fondo de la comunicación sin haber examinado la aplicabilidad de todos los motivos de admisibilidad señalados en el Protocolo Facultativo.

3. El dictamen del Comité será comunicado a la persona y al Estado parte interesado.

Artículo 101

1. El Comité designará un relator especial para el seguimiento del dictamen aprobado en virtud del artículo 5, párrafo 4, del Protocolo Facultativo, a fin de cerciorarse de los Estados partes han tomado medidas para dar efecto al dictamen del Comité.

2. El Relator Especial podrá tomar las medidas y establecer los contactos apropiados para el debido cumplimiento del mandato de seguimiento. El Relator Especial recomendará las medidas complementarias cuya adopción por el Comité sea necesaria.

3. El Relator Especial informará periódicamente al Comité sobre las actividades de seguimiento.

4. El Comité incluirá en su informe anual información sobre las actividades de seguimiento.

E. Normas sobre la confidencialidad

Artículo 102

1. Las comunicaciones presentadas en virtud del Protocolo Facultativo serán examinadas en sesión privada por el Comité y por un grupo de trabajo establecido con arreglo al artículo 95, párrafo 1, del presente reglamento. Las deliberaciones orales y las actas resumidas tendrán carácter confidencial.

2. Serán confidenciales, salvo decisión en contrario del Comité, todos los documentos de trabajo publicados por la secretaría para el Comité, para un grupo de trabajo establecido con arreglo al artículo 95, párrafo 1, del presente reglamento o para un relator especial designado de conformidad con el artículo 95, párrafo 3, incluyendo los resúmenes de las comunicaciones preparados antes del registro de estas, la lista de resúmenes de las comunicaciones y todos los proyectos de texto preparados para el Comité, para un grupo de trabajo establecido con arreglo al artículo 95, párrafo 1, del presente reglamento o para un relator especial designado de conformidad con el artículo 95, párrafo 3.

3. No obstante lo dispuesto en el párrafo 1 de este artículo, el autor de una comunicación o el Estado parte interesado tendrán derecho a hacer públicos cualesquiera declaraciones, observaciones o información relacionados con las actuaciones. Sin embargo, el Comité, el grupo de trabajo establecido con arreglo al artículo 95, párrafo 1, del presente reglamento o el relator especial designado de conformidad con el artículo 95, párrafo 3, podrán, si lo consideran apropiado, pedir al autor de una comunicación o al Estado parte interesado que mantenga el carácter confidencial de la totalidad o de parte de cualesquiera de esas declaraciones, observaciones o información.

4. Cuando se haya adoptado una decisión sobre la confidencialidad con arreglo al párrafo 3 de este artículo, el Comité, el grupo de trabajo establecido con arreglo al artículo 95, párrafo 1, del presente reglamento o el relator especial designado de conformidad con el artículo 95, párrafo 3, podrán decidir que la totalidad o parte de las declaraciones u observaciones o de otra información, como la identidad del autor, siga teniendo carácter confidencial después de que el Comité haya adoptado una decisión de inadmisibilidad, una decisión sobre el fondo del asunto o una decisión en el sentido de poner fin a las actuaciones.

5. Sin perjuicio de lo dispuesto en el párrafo 4 de este artículo, se harán públicas las decisiones de inadmisibilidad, las decisiones sobre el fondo del asunto o las decisiones en el sentido de poner fin a las actuaciones. Se harán públicas las decisiones adoptadas con arreglo al artículo 92 del presente reglamento por el Comité o por el relator especial designado de conformidad con el artículo 95, párrafo 3. Ninguna decisión del Comité podrá ser objeto de distribución preliminar.

6. La secretaría se encargará de la distribución de las decisiones definitivas del Comité, pero no de la reproducción ni de la distribución de las declaraciones u observaciones relacionadas con las comunicaciones.

Artículo 103

La información proporcionada por las partes en relación con el seguimiento de los dictámenes del Comité no tendrá carácter confidencial, a menos que el Comité decida otra cosa al respecto. Tampoco tendrán carácter confidencial las decisiones del Comité sobre las actividades de seguimiento, a menos que el Comité decida otra cosa al respecto.

F.   Opiniones individuales

Artículo 104

Todo miembro del Comité que haya tomado parte en una decisión podrá pedir que el texto de su opinión individual se agregue al dictamen o a la decisión del Comité.

Pacto Internacional de Derechos Civilesy Políticos

Distr. General
RESERVADA*

CCPR/C/78/D/986/2001
19 de septiembre 2003

Original: Español

COMITÉ DE DERECHOS HUMANOS*
78° período de sesiones
14 de julio a 8 de agosto de 2003

DICTAMEN
Comunicación N° 986/2001

Presentada por:	Joseph Semey
Presunta víctima:	El autor
Estado Parte:	España
Fecha de comunicación:	18 de diciembre de 1999 (presentación inicial)
Referencias:	Decisión del Relator Especial con arreglo al artículo 91 del reglamento, transmitida al Estado Parte el 16 de julio de 2001 (sin publicar como documento)
Fecha de aprobación del dictamen:	30 de julio de 2003

El Comité de Derechos Humanos aprobó el 22 de julio de 2003 el dictamen, emitido a tenor del párrafo 4 del artículo 5 del Protocolo Facultativo, respecto de la comunicación 986/2001. El texto del dictamen figura en el anexo del presente documento.

[Anexo]

---

* Se divulga por decisión del Comité de Derechos Humanos

135

Anexo

DICTAMEN DEL COMITÉ DE DERECHOS HUMANO REMITIDO A TENOR DEL PÁRRAFO 4 DEL ARTÍCULO 5 DEL PROTOCOLO FACULTATIVO DEL PACTO INTERNACIONAL DE DERECHOS CIVILES Y POLÍTICOS

-78° PERÍODO DE SESIONES-

respecto de la

Comunicación N° 986/2001*

Presentada por:	Joseph Semey
Presunta víctima:	El autor
Estado Parte:	España
Fecha de la comunicación:	18 de diciembre de 1999 (presentación inicial)

El Comité de Derechos Humanos, establecido en virtud del artículo 28 del Pacto Internacional de Derechos Civiles y Políticos,

Reunido el 30 de julio de 2003.

Habiendo concluido el examen de la comunicación N° 986/2001, presentada por el Sr. Joseph Semey con arreglo al Protocolo Facultativo del Pacto Internacional de Derechos Civiles y Políticos,

Habiendo tenido en cuenta toda la información que le han presentado por escrito el autor de la comunicación y el Estado Parte,

Aprueba el siguiente:

Dictamen a tenor del párrafo 4 del artículo 5 del Protocolo Facultativo

1. El autor de la comunicación es el Sr. Joseph Semey[1], ciudadano canadiense y camerunés, actualmente preso en el Centro Penitenciario de Se-

---

* Los siguientes miembros del Comité participaron en el examen de la presente comunicación: Sr. Abdelfattah Amor, Sr. Prafullachandra Natwarlal Bhagwati, Sr. Alfredo Castillero Hoyos, Sr. Maurice Glèlè Ahanhanzo, Sr. Walter Kälin, Sr. Ahmed Tawfik Khalil, Sr. Rafael Rivas Posada, Sr. Nigel Rodley, Sr. Martin Scheinin, Sr. Ivan Shearer, Sr. Hipólito Solari Yrigoyen, Sr. Roman Wieruszewski y Sr. Maxwell Salden.

[1] También conocido con el nombre de Johnson o Spencer Mas vickky.

govia, España[2]. Declara ser víctima de la violación por España del artículo 14, párrafo 1; párrafo 2; párrafo 5; y del artículo 26 del Pacto Internacional de Derechos Civiles y Políticos. En una segunda comunicación declara también ser víctima de violación por España del artículo 9, párrafo 1 del Pacto. El autor no está representado por un abogado.

<u>Los hechos expuestos por el autor</u>[3]

2.1. El 29 de octubre de 1991, una mujer de nombre Isabel Pernas, llega a Lanzarote, Islas Canarias, en un vuelo procedente de Madrid. Al llegar a Lanzarote la policía la detiene para un control. En esos momentos, un pasajero de raza negra con gorra y gafas abandona la sala de recogida de equipajes rápidamente, sin recoger una bolsa de viaje supuestamente de su pertenencia. La bolsa de viaje iba facturada a nombre de Remi Roger. La mujer, que lleva droga adosada al cuerpo, informa que la droga le fue proporcionada por un tal Johnson, en Madrid.

2.2. El autor de la comunicación, Joseph Semey, declara haber sido detenido en Madrid el 7 de febrero de 1992 y condenado inocentemente a 12 años de prisión por la Audiencia Provincial de las Palmas en marzo de 1995 por un supuesto delito contra la salud pública que nunca cometió. Según el autor su implicación en los hechos tuvo lugar únicamente sobre la base de las manifestaciones verbales de la Sra. Isabel Pernas. Sostiene que le implicaron en los hechos por una relación de enemistad existente entre él mismo, Joseph Semey, y la familia del novio de la Sra. Isabel Pernas, de nombre Demetrio. En este sentido, el autor informa al Comité que anteriormente estuvo en prisión por implicación directa en un delito de homicidio contra el primo de Demetrio y que acababa de salir de la cárcel cuando se vio involucrado falsamente en esta historia .

2.3 Informa el autor, que la Sra. Isabel Pernas dijo a la Policía que le había conocido en una discoteca de Madrid la noche anterior a su detención con la droga y que fue en dicho encuentro cuando el autor supuestamente acordó con ella el transporte de la droga desde Madrid a Lanzarote. Según el autor, esto es falso, ya que el día 28 de Octubre de 1991 tal discoteca (Discoteca Los Sueños) se encontraba cerrada por descanso (aporta un documento firmado por el gerente de la discoteca en este sentido).

---

[2]   El Pacto Internacional de Derechos Civiles y Políticos, así como el Protocolo Facultativo al pacto entraron en vigor en el Estado parte respectivamente el 27.7.1977 y el 25.4.1985.

[3]   Los hechos son expuestos por el autor a través de tres comunicaciones, de fechas 18 de diciembre de 2000, 22 de marzo y 14 de noviembre de 2001.

2.4 Explica el autor, que Isabel Pernas se inventó que él, Joseph Semey, le acompañó en el viaje a Lanzarote y que usó el nombre de Remi Roger. Según el autor, Remi Roger era un amigo íntimo de Isabel y de su novio, Demetrio. Indica que Remi Roger, él y otro chico de raza negra compartían apartamento en Madrid. Informa también que en el juicio oral, Doña Angela Peñalo Ortiz, novia del autor, confirmó la existencia real de Remi Roger, también de raza negra y de características similares a las del autor. Añade el autor que nunca se pudo demostrar que los objetos encontrados en la bolsa que quedó en la cinta transportadora en el aeropuerto de Lanzarote fueran de su pertenencia.

2.5 Según el autor, el juzgado de instrucción incurrió en una irregularidad, permitiendo que uno de los guardias civiles encargados de la investigación del caso (Don Francisco Falero) le identificara en una rueda de reconocimiento y testificara en su contra, todo esto un año después de los hechos. Según el autor el policía conocía los detalles del caso y disponía de sus fotografías en el expediente policial.

2.6 Sostiene también, que el tribunal lo juzgó únicamente en base a las declaraciones del sumario de la Sra. Isabel Pernas y que las pruebas y testigos de descargo presentadas por él no fueron tomados en cuenta por el Tribunal. En este sentido, el autor alega que el día de los hechos estuvo por la mañana en la prisión de Herrera de la Mancha para comunicar con su compatriota Nong Simón, lo cuál no fue posible porque se había cambiado el horario de las comunicaciones y que por la tarde viajó en compañía del matrimonio Bell a Estepona después de su visita a la prisión de Herrera de la Mancha. Así lo declaró el Sr. Bell ante notario. Según el autor, lo que dijo Isabel Pernas no puede tener más validez que lo dicho por otros testigos y reitera que no existe ninguna prueba de que él estuviera en Lanzarote.

2.7 El autor interpuso recurso de casación ante el Tribunal Supremo, pero éste solo se limitó a pronunciarse sobre los motivos de casación, ratificando la sentencia del Tribunal sentenciador y en ningún momento revisó las pruebas en las que la Audiencia Provincial dijo basarse para condenarle. Interpuso también recurso de amparo ante el Tribunal Constitucional, el cuál fue inadmitido por presentarse fuera de plazo, al no haberse presentado después de la resolución del Tribunal Supremo.

2.8 El autor interpuso denuncia ante el Tribunal Europeo de Derechos Humanos en Estrasburgo pero fue declarada inadmisible por el no agotamiento de los recursos internos (extemporaneidad del Recurso de Amparo).

Denuncia

3.1 El autor sostiene ser víctima de una violación por parte del Estado Español de los siguientes artículos del Pacto Internacional de Derechos Civiles y Políticos:

a) Artículo 26 y Artículo 14.1

3.2 El autor considera que fue condenado por ser negro, y menciona que en España se tiene la idea de que los negros y los sudamericanos se dedican al tráfico de droga. Según él, este hecho unido al racismo existente, hace que tenga mucho más valor lo que pueda decir un Español que un negro. Según el autor, si él hubiera sido Español, con las declaraciones hechas en su contra no hubiera sido enviado a prisión. En este sentido alega que se violó el principio de igualdad recogido en el artículo 26 del Pacto.

3.3 Alega también violación del artículo 14.1 del Pacto, ya que en su caso no hubo igualdad ante los tribunales y que faltó imparcialidad. Así, a Isabel Pernas la condenaron a tres (3) años de cárcel y a él a doce (12). Según el autor, el Tribunal sentenciador vulneró las garantías procesales al juzgarle en base a declaraciones del sumario. Sostiene que se dictó auto de prisión contra él como responsable del delito simplemente en base a lo que dijo Isabel Pernas sin antes haberle escuchado. Además, el juez convocó a los mismos guardias civiles que realizaron toda la investigación contra él, para que uno declarara en su contra y le identificara en una rueda de reconocimiento un año después de los hechos (testigo de cargo Don Francisco Falero). El Sr. Francisco Falero había participado varias veces en su traslado del centro penitenciario al juzgado de instrucción durante las diligencias, por lo que ya le conocía. Expone también que el auto de procesamiento se basó en las declaraciones de Isabel Pernas y no tuvo en cuenta todo lo que había en su favor. Alega que no es él quien tiene que demostrar que no estuvo en Lanzarote.

Ese día, sino que corresponde a la acusación demostrar que lo estuvo. Sostiene que no se pudo demostrar que utilizara el nombre de Remi Roger ni que fuera él el dueño del bolso de viaje abandonado en el aeropuerto. Reitera que una simple acusación no puede considerarse una prueba contundente para considerar a una persona autor de unos hechos.

b) Artículo 14.2

3.4 Según explica el autor, la Sra. Isabel Pernas fue detenida en las Islas Canarias y en base a sus declaraciones le detuvieron a él en Madrid. Antes de ser trasladado a Canarias para poder comparecer ante la autoridad judicial que ordenó su detención, se dictó un auto de prisión contra él como responsable de un delito contra la salud pública. Según el autor, ante una simple acusación verbal, como mucho el auto de prisión debía haberse dictado como presunto implicado y no como responsable de ningún delito. Las declaraciones de la Sra. Isabel Pernas no pueden dejar sin efecto la presunción de inocencia. Afirma el autor, que cualquier persona debe ser oída primero por la autoridad judicial competente antes de poder dictar un auto de prisión con cargos. La responsabilidad criminal de una persona sólo puede probarse en un juicio y tal responsabilidad solo puede declararse mediante sentencia firme y no mediante un auto de prisión.

c) Artículo 14.3.d)

3.5 Según el autor, el juez instructor (Juzgado de Instrucción N. 2 de Arrecife) le obligó a realizar sus primeras declaraciones sin asistencia de su abogado. Informa que le correspondía a Da. Carmen Dolores Fajardo por el turno de oficio pero ella no estuvo presente y el juez le hizo declarar solamente en presencia de la abogada de la acusación, la letrada Africa Zabala Fernández. Sostiene que el Tribunal Supremo indica falsamente que la persona que le implicó en los hechos y el autor habían designado para su defensa a la misma letrada, Da. Africa Zabala, lo cual es totalmente falso. Afirma el autor que no existe ninguna documentación que demuestre que él designara a esa señora para su defensa.

d) Artículo 14.3.e)

3.6 Según el autor, su abogado solicitó la prueba del careo entre la Sra. Isabel Pernas y él en varias ocasiones (28 septiembre, el 22 de octubre y el 6 noviembre 1992) pero fue denegada por el juez instructor del caso. Además la Sra. Isabel Pernas, fue juzgada antes que el autor y no pudo ser interrogada ni por el Tribunal ni por el abogado del autor. Según el autor, la abogada de Isabel Pernas y el Fiscal llegaron a un acuerdo en el que ella fue juzgada y condenada a 3 años de prisión.

e) Artículo 14.5

3.7 Alega el autor que el Tribunal Supremo no volvió a evaluar las circunstancias que llevaron a la Audiencia Provincial a condenarle a 12 años de cárcel no habiendo sido ratificada la acusación verbal en el juicio oral. Añade que la violación del derecho a un recurso efectivo ante el Tribunal Supremo es general en todos los recursos de casación tal como lo ha reconocido el Comité de Derechos Humanos.

f) Artículo 9.1

3.8. En una segunda comunicación el autor sostiene que el estar haciéndole cumplir la condena de 12 años íntegramente vulnera el artículo 9.1 del Pacto, porque está prevista la libertad condicional a las ¾ partes de la condena según el artículo 98 de Código Penal Español. Sostiene que debería haber obtenido la libertad condicional pero que debido a las denuncias interpuestas por el autor contra la justicia española se le está haciendo cumplir la condena íntegramente.

3.9. Añade el autor, sin mencionar el artículo del Pacto que supuestamente se violó, que se violaron las garantías procesales al celebrarse dos juicios por la misma causa. El 26 noviembre de 1993 la Sección Primera de la Audiencia Provincial de las Palmas de Gran Canaria, celebró juicio contra Isabel Pernas, siendo ésta condenada a 3 años de prisión menor. Dos años después, la Sección Quinta de la misma Audiencia Provincial celebró nuevo juicio contra Joseph Semey al que no asistió Isabel Pernas. Según el autor, el Tribunal sentenciador en su sentencia dice que las declaraciones de Isabel Pernas pueden ser perfectamente consideradas a pesar de su ausencia en el juicio oral contra él lo cual contradice lo establecido en la Ley de Enjuiciamiento Criminal que según el sumario es una mera preparación del juicio oral y que el juicio oral nunca puede ser una formalidad de las actuaciones del sumario. Tampoco compareció en el juicio oral la policía que llevó a cabo la investigación contra él.

Informaciones y observaciones del Estado Parte con respecto a la admisibilidad

4.1. En sus observaciones de 17 de septiembre de 2001, el Estado parte solicita al Comité la declaración de inadmisibilidad de la comunicación. Expone el Estado parte que según el artículo 2 del Protocolo Facultativo al Pacto el individuo debe haber agotado todos los recursos internos disponibles, lo que significa una correcta utilización de los recursos internos, y por tanto, que éstos hayan sido presentados dentro de los plazos establecidos legalmente. Si un individuo presenta extemporáneamente un recurso interno disponible, el órgano interno debe rechazarlo por extemporáneo. Mantiene el Estado parte que el comunicante no ha agotado los recursos internos disponibles, pues este agotamiento significa "correcto agotamiento".

4.2. En el caso concreto, el Tribunal Supremo dictó sentencia el 16 de mayo de 1996, notificada al representante del Sr. Joseph Semey el día 13 de junio de 1996. El plazo para recurrir en amparo ante el Tribunal Constitucional es de "veinte días siguientes a la notificación de la resolución judicial", según determina el artículo 43,2 de la Ley Orgánica del Tribunal Constitucional 2/1979 del 3 de octubre. El Sr. Joseph Semey presentó el recuro de amparo el día 11 de noviembre de 1998, dos años después de la notificación de la sentencia. Por tanto, en cumplimento de la ley, el Tribunal Constitucional inadmitió el recurso de amparo por extemporáneo. El no agotamiento de los recursos internos por extemporaneidad del recurso de amparo, fue la causa del rechazo de la demanda del Sr. Semey ante el Tribunal Europeo de Derechos Humanos.

Comentarios del autor respecto a la admisibilidad de la comunicación

5.1. Por comunicación del 14 de noviembre de 2001 el autor explica que el motivo del no agotamiento del recurso de amparo ante el Tribunal Constitucional alegado por el Estado Español para solicitar la inadmisibilidad de la comunicación ya ha sido rechazado por el Comité de Derechos Humanos en ocasiones anteriores, concretamente en el caso de Cesáreo Gómez Vázquez, en el que, dice el autor dice el autor, su abogado acudió directamente al Comité después de la resolución del Tribunal Supremo y no agotó el recurso de amparo ante el Tribunal Constitucional. Al amparo del caso Cesáreo Gómez Vázquez contra España, el motivo planteado por España debería también ser rechazado esta vez.

5.2. Según el autor, aunque hubiera interpuesto el recurso de amparo en el plazo indicado, este no hubiera sido admitido. El Tribunal Constitucional en diversas ocasiones ha rechazado recursos fundamentales en evidente violación del derecho a la presunción de inocencia. Además según el autor, el Tribunal dice que no puede alterar los hechos ya probados, porque en España no hay posibilidad de que las pruebas del juicio puedan volver a ser evaluadas por un tribunal superior.

5.3. Respecto a lo previsto en el artículo 2 del Protocolo, el comunicante afirma que según el artículo 5.2.b del Protocolo Facultativo cuando los recursos internos se prolonguen injustificadamente no es obligatorio el agotamiento de todos los recursos internos, por lo que se puede perfectamente acudir al Comité sin haber agotado el recurso de amparo constitucional. Por último es de considerar que los derechos de las personas están por encima de un simple trámite burocrático y no sería por no haber agotado el recurso de amparo ante el tribunal constitucional que deberían quedar impunes todas las violaciones de las que ha sido víctima.

5.4. Alega el autor que no hubo extemporaneidad en la presentación del recurso de amparo ante el tribunal constitucional. Señala que según la legislación española el plazo para interponer cualquier recurso judicial es a contar a partir del día siguiente a la última notificación de la sentencia o auto contra el que se quiere recurrir y en este proceso la última notificación judicial de esta causa fue la del testimonio de sentencia firme por parte del tribunal sentenciador. Según el autor el último testimonio de sentencia firme con el sello y firma del Secretario judicial, es de 25 de septiembre de 1998 y dentro del plazo legal de 20 días interpuso el recurso de amparo ante el Tribunal Constitucional. Alega el autor que el Tribunal Constitucional en su sentencia 29/1981 de 24 de julio de 1981 reconoce a un recurrente el derecho a interponer recurso cuando tuviere en su poder el testimonio de sentencia.

5.5. Explica el autor que el Tribunal Constitucional inadmitió el recurso de amparo por extemporaneidad, porque según dicho tribunal debería haberse interpuesto en 1996 dentro del plazo de veinte días después de la notificación de la resolución dictada por el Tribunal Supremo. Nota el autor que a él nadie le notificó dicha resolución. Considera que como afectado y a título de ser él el condenado, se le debería haber notificado personalmente.

5.6. Indica que tal como aparece en los autos, el Tribunal Supremo notificó al Sr. Vázquez Guillén, Procurador que llevó el recurso de casación ante dicho tribunal. Alega el autor que la notificación que se le hace en su nombre no tiene ninguna validez legal, porque él nunca le dio ningún poder para que pudiera recibir ninguna notificación en su nombre. Dice el autor que para tal representación legal es necesario un poder firmado por él ante notario tal como lo establece la Ley de Enjuiciamiento Criminal en España. Añade que en el momento de interponer recurso de casación ante el Tribunal Supremo, él como extranjero desconocía las funciones de un procurador. Indica que el Sr. Guillén nunca le habló y no se conocen. Informa el autor que para dicho recurso designó al Sr. Caballero como abogado.

Observaciones adicionales del Estado Parte respecto a la admisibilidad y el fondo

6.1. En sus observaciones de fecha 16 de enero de 2002 el Estado parte vuelve a referirse a la cuestión de la admisibilidad. En este sentido, el Estado parte menciona que el denunciante reconoce expresamente que no hubo agotamiento de los recursos internos por presentación extemporánea del recurso de amparo y pretende justificar su conducta con tres argumentos:

a)   Día inicial del cómputo del plazo de 20 días para recurrir la sentencia del Tribunal Supremo ante el Tribunal Constitucional. Según el autor, el plazo no se inicia con la notificación de la sentencia, sino con la última noticia de la misma. Expresa el Estado parte que la teoría del autor no es correcta y va en contra de toda norma procesal pretender confundir la notificación de una sentencia para su impugnación, con la recepción de un testimonio de la sentencia firme del Tribunal sentenciador, a los efectos de cumplimiento de la pena. Igualmente, el comunicante alega que el testimonio le fue notificado el 25 de septiembre de 1998 y él interpuso el recurso de amparo en el plazo de 20 días, el 11 de noviembre de 1998, es decir 47 días después.

b)   Dice el comunicante que no designó al Sr. Vázquez Guillén como Procurador suyo ante el Tribunal Supremo. El Estado parte presenta copia del recurso de casación ante el Tribunal Supremo, en el que se expresa "que a los efectos de que le represente ante esa Sala del Supremo, designa al Procurador Don Argimiro Vázquez Guillén, continuando en su defensa el Letrado de Lanzarote Don Felipe Callero González".

c)   Según el comunicante se le debe aplicar lo resuelto por el Comité en el caso Cesáreo Gómez Vázquez. Según el Estado parte no hay ninguna circunstancia similar entre el caso de Joseph Semey y el objeto de la decisión sobre la admisibilidad en el comunicación 701/96. En el caso de Joseph Semey se presentó recurso de amparo, extemporáneo, pero se presentó. En la comunicación 701/96 no hubo recurso de amparo. En el caso de Joseph Semey el recurso de amparo discutía la presunción de inocencia. En la comunicación 701/96, se alegó la innecesariedad del amparo por la reiterada posición del Tribunal Constitucional a considerar el recurso de casación como observancia del artículo 14.5 del Pacto.

6.2. En conclusión, la realidad reconocida por el comunicante es que no hubo agotamiento correcto de los recursos internos, por lo que la comunicación resulta inadmisible conforme al artículo 2 del Protocolo Facultativo.

6.3. Respecto al fondo, señala el Estado parte que el autor de la comunicación manifiesta su disconformidad con la valoración de las pruebas efectuadas por los tribunales internos. El órgano internacional no entra a valorar las pruebas, pues ello es competencia de las autoridades internas. La misión del Comité es apreciar si la valoración de las pruebas en un proceso penal, apreciado en su globalidad, ha sido racional, o por el contrario, resulta arbitraria. Añade el Estado parte que el autor fue condenado en proceso penal en motivada y razonada sentencia, luego confirmada en el Tribunal Supremo, tras revisar la valoración de las pruebas.

6.4. El Estado parte, menciona que la estrategia de defensa del Sr. Semey fue negar que fue la persona que entregó la droga a la mujer, le compró el vestido, el billete de avión, y le acompañó en el viaje, abandonando una gran bolsa en la cinta transportadora. El Estado parte se refiere a la Sentencia de la Audiencia provincial que razona sobre esta alegación:

"El acusado ha negado siempre cualquier vinculación con la conducta delictiva de Isabel Pernas San Román atribuyendo el que ésta lo acusara directamente como la persona que le proporcionó la droga (...) a que Isabel era novia de Demetrio, cuyo primo fue muerto por el procesado. Por otro lado la defensa lamentó que Isabel no hubiera sido traída al plenario para ser objeto de contradicción ya que no lo pudo ser en la anterior vista de la causa.

Entendemos (...) que la declaración de Isabel puede ser perfectamente tenida en cuenta a pesar de su ausencia en este juicio porque, primeramente sus declaraciones sumariales presentadas siempre a presencia de Letrado han tenido acceso a este juicio oral por la vía documental dada por reproducida con anuencia de las partes, dando así entrada tanto a lo manifestado por Isabel en el anterior juicio oral al que expresamente

144

fue convocada la representación del hoy enjuiciado y, por ende, su dirección técnica sin que se hubieran asistido sino a las declaraciones de la fase instructora entre las que destaca especialmente su declaración indagatoria en la que a presencia y a preguntas del abogado defensor, ahora y entonces, del procesado Joseph Semey, fue objeto de contradicción y en la que dijo que no tenía conocimiento de que Joseph Semey hubiera sido condenado por matar a un primo de Demetrio; en segundo lugar, la versión de Isabel tiene un apoyo decisivo por el testimonio del guardia civil D. Francisco Falero Guerra(...)"

6.5. En segundo lugar el autor alega que el no estaba en Lanzarote el día 29.10.91, pues ese día estuvo visitando a un amigo preso en la cárcel de Herrera y luego viajó con un matrimonio inglés a Estepona, en la Costa del Sol. Sin embargo no consta en absoluto su visita a la prisión, y los funcionarios de dicha prisión negaron que hubiera existido dicha visita, pues ese día no fue día de visita. En cuanto al viaje desde Herrera a Madrid y desde Madrid a Estepona con un matrimonio inglés, dice el Tribunal que esta segunda coartada "se reveló completamente artificiosa y escasamente fiable porque, por un lado, en su primera declaración ante el juez de instrucción (en presencia de dos abogados) el procesado únicamente mencionó su visita a Herrera y obvió inexcusablemente cualquier referencia a su viaje a Estepona (...) y por otro lado, porque la declaración ante Notario del matrimonio Bell se produce justamente ocho días antes de la declaración de Joseph Bell y a partir de una llamada telefónica del Letrado defensor en ese sentido, lo que verdaderamente resta espontaneidad y frescura a lo dicho por los cónyuges británicos".

6.6. El Estado parte explica que se puede coincidir o no con la valoración por el tribunal de la coartada, pero esta valoración no puede ser tachada de arbitraria.

6.7. El Estado parte se refiere también a la conclusión del Tribunal Supremo:

"A la vista de todo ello, es preciso reconocer que el Tribunal a quo contó en el juicio oral con prueba testifical de los hechos y tuvo, además, suficientes elementos en las actuaciones para valorar la credibilidad de esta prueba, lo que excluye una vulneración del derecho a la presunción de inocencia.

Por lo demás ha de reconocerse que le Tribunal de instancia ha motivado convenientemente su sentencia y que el acusado ha sido defendido oportunamente por Letrado de su designación, habiendo obtenido una respuesta motivada, dada por Tribunal competente".

6.8. En relación al careo entre él e Isabel Pernas, el autor lamenta que no tuviera lugar. El abogado de Semey preguntó a la mujer, en la declaración indagatoria, todo lo que tuvo por conveniente, con respeto al principio de contradicción. Se señala que en su escrito de calificación de los hechos y de apertura del juicio oral, el Sr. Semey no propuso ninguna prueba de careo entre él y la mujer. Se adjunta copia del acta del juicio, donde se puede constatar el respeto al principio de contradicción, y donde el hoy comunicante y su abogado no formulan ninguna protesta sobre violación de sus derechos. Si la defensa del Sr. Semey quería interrogar y enfrentar en un careo a la mujer con su cliente en el juicio oral, era absolutamente imprescindible que en el escrito de calificación hubiera propuesto esta prueba. Además por comunicación de 24 de enero 2002 el Estado parte acredita que en el escrito de calificación, el Sr. Semey no pide en ningún momento la comparecencia en el acto del juicio de la Sra. Pernas.

6.9. Respecto a la diferencia de condena entre el y la Sra. Pernas, la explicación es obvia. La mujer fue juzgada como autora de un delito contra la salud pública (mero correo) y por aplicación de atenuante de arrepentimiento espontáneo resultó condenada a 3 años de prisión. Joseph Semey fue juzgado como traficante de droga y por aplicación de agravante de reincidencia (condenado 13.7.87 por un delito de homicidio), resultó condenado a 12 años de prisión.

6.10. Sobre la ausencia de abogado en su primera declaración ante el Juez, el Estado parte señala que no hubo ninguna alegación al respecto ni en el juicio oral ni en el recurso de casación. Además por comunicación de 24 de enero 2002 el Estado parte informa que el 7.2.92 tras ser detenido en Madrid Joseph Semey, manifiesta que designa como letrado "al letrado de oficio". Ese mismo día declara también en Madrid ante el Juez, afirmando que su verdadero nombre es Joseph Semey y no Spencer, en presencia de la letrada Da. Carmen Martínez González. Ya en Lanzarote, el 14.5.92 declara ante el juez asistido de la letrado del turno de oficio Da. Carmen Dolores Fajardo.

6.11. Respecto a la no aplicación del principio "in dubio, pro reo" se expresa que este principio se aplica por el tribunal sentenciador cuando no tiene clara la responsabilidad criminal del acusado, y en dicho caso, la duda debe resolverse a favor del acusado. En este caso el tribunal sentenciador " ha condenado al recurrente, sin tener ninguna duda", como expresa el Tribunal Supremo.

6.12. El Estado parte concluye diciendo que no se constata ninguna violación de las garantías establecidas en el artículo 14 del Pacto, y se somete la inadmisibilidad de la comunicación y en su caso su no estimación.

146

Comentarios del autor respecto a las observaciones del Estado parte

7.1. Por comunicación del 11 de febrero de 2002, el autor señala que el documento aportado por el Estado parte como prueba de designación del procurador Vázquez Guillén carece de validez legal. Sostiene el autor que según el artículo 874 de la Ley de Enjuiciamiento Criminal, para la interposición del recurso de casación ante el Tribunal Supremo en España, el procurador es nombrado por el recurrente y esto mediante escrito ante notario y para que quede acreditada tal representación legalmente, es preciso que en dicho contrato notarial, a parte de la firma del recurrente y la del notario, firme el propio procurador designado. Especifica el autor que en el documento que aporta el Estado parte sólo obra una firma suya.

El autor informa también que nunca mantuvo contacto alguno con dicho procurador. Según el comunicante carecen de validez todas las notificaciones que le hizo el Tribunal Supremo al Sr. Vázquez en su nombre.

7.2. Respecto al no agotamiento del recurso de amparo ante el Tribunal Constitucional, se vuelve a referir a la comunicación 701/96 y reitera que el artículo 5.2.b del Protocolo facultativo no exige el agotamiento de todos los recursos internos si la tramitación de los mismos se prolonga injustificadamente. Respecto a lo manifestado por el Estado parte de que no hay similitud entre ambos casos, el comunicante considera lo contrario, es decir, que es lo mismo el no haber interpuesto un recurso y haberlo interpuesto fuera del plazo establecido para ello. En ambos casos se considera el no agotamiento de dicho recurso y debería aplicársele lo resuelto por el Comité en la comunicación 701/96.

7.3. Respecto a la alegación del Estado parte sobre la inadmisibilidad del caso por parte del Tribunal Europeo por falta de agotamiento de recursos internos, señala el autor que el Comité no sigue necesariamente la misma doctrina que el Tribunal Europeo en este sentido, en particular teniendo en cuenta que el artículo 5.2.b del Protocolo Facultativo no exige el agotamiento de todos los recursos cuando su tramitación se prolongue injustificadamente.

7.4. Respecto al fondo, el comunicante reitera lo expresado en anteriores comunicaciones respecto a que una acusación verbal no puede constituir ninguna prueba contundente, y reitera lo dicho respecto a las declaraciones del guardia civil D. Francisco Falero.

7.5. Respecto a su visita a la prisión de Herrera de la Mancha, reitera que estuvo allí. Le autorizaron la comunicación con su amigo Nong Simon que se encontraba en la sección cerrada (módulo 2). Dicha comunicación fue autorizada cuatro días antes de los hechos. Explica el autor que a dicho módulo le tocaba el turno de comunicación los lunes y jueves, y el lunes día 29.10.91 fue a visitarle, pero le informaron que le habían cambiado de módulo hacía tres días y no pudo comunicar con él porque a su nuevo módulo le tocaba comunicar los miércoles y viernes. Por eso al no haber podido comunicar con él es lógico, explica el autor, que no conste la visita oficialmente. El tiempo que estuvo allí se entrevistó con el Educador D. Juanjo y dicho funcionario declaró que se acordaba de haber estado hablando con él a finales de octubre pero no se acordaba exactamente de la fecha.

7.6. En cuanto a su viaje a Estepona, el hecho de no mencionar dicha cuartada en su primera declaración ante el Juzgado de Instrucción no quiere decir que no sea cierto. Menciona el autor que no lo dijo porque tenia miedo de poder perjudicar a sus amigos citándoles como testigos en un asunto relacionado con el tráfico de drogas. Fue al comentarlo con su abogado quien le dijo que su testimonio era muy importante, que el abogado decidió llamarles por teléfono.

7.7. Según la ley toda persona acusada de un delito es inocente hasta que se demuestre su culpabilidad y en ningún momento dice la Ley que una persona será culpable hasta que se demuestre su inocencia. El autor reitera que no existe ninguna prueba de tipo material que le implique en estos hechos, porque fue detenido, procesado y condenado solamente en base a lo que había contado Isabel Pernas.

7.8. Respecto al motivo por el que se le condenó a 12 años por el agravante de reincidencia, el autor menciona que según el artículo 22.8 del Código Penal Español, hay reincidencia cuando al delinquir el culpable haya sido condenado ejecutoriamente por un delito de la misma naturaleza anteriormente, y especifica el autor que en su caso esta fue la primera vez que resultó ser detenido y condenado por un delito relacionado con el tráfico de drogas.

7.9. Respecto a sus declaraciones sin letrado, señala el autor que es cierto que cuando se le trasladó a la isla para ser interrogado por el juzgado de instrucción, se nombró del turno de oficio a Da. Carmen Dolores Fajardo. Cuando fue llevado a declarar al juzgado por primera vez a finales de abril de 1992, la letrada no asistió por motivos de salud y en dicha comparecencia sólo estaba la abogada de Isabel Pernas, la letrada de la acusación, Da. Africa Zabala Fernández. Según el autor, en ese momento él creyó que la abogada presente era la suya, ya que no la conocía. Fue sólo en la segunda declaración de 14 de mayo de 1992, en la que estuvo presente Da. Carmen Dolores que el autor supo que había declarado anteriormente sin la presencia de su abogada. Añade que su abogado privado protestó legalmente ante esto en el escrito del recurso de reforma contra el auto de procesamiento y lo hizo también en el escrito de recurso de casación.

7.10. Aclara el denunciante que la declaración que realizó ante el Juzgado de instrucción N.6 de Madrid en presencia de la letrada D. Carmen Martínez, no tiene nada que ver con la causa de Lanzarote por la que presentó esta comunicación ante este Comité. Esa declaración (a la que se refiere el Estado parte) era por lo de pasaporte inglés falso con el que fue detenido y en dicho Juzgado de Madrid, no se le podía tomar declaraciones por el caso de Lanzarote porque el juzgado de Madrid no había recibido ningún exhorto del de Arrecife para tomarme declaraciones sobre el asunto de tráfico de drogas.

7.11. Reitera el autor nuevamente que se ha violado su derecho a ser oído, su derecho a un juicio justo y a una tutela judicial efectiva. Vuelve a referirse a la falsedad de las declaraciones hechas por Isabel Pernas y a las irregularidades en las declaraciones y reconocimiento hechas por el guardia civil.

Cuestiones materiales y procesales de previo pronunciamiento

8.1. De conformidad con el artículo 87 de su reglamento, antes de considerar las alegaciones que se hagan en una comunicación, el Comité de Derechos Humanos deberá decidir si la comunicación es o no admisible a tenor del Protocolo Facultativo del Pacto.

8.2. Con respecto a la exigencia del agotamiento de los recursos internos, el Comité toma nota de la impugnación de la comunicación realizada por el Estado Parte alegando la falta de agotamiento de los mismos. Sin embargo, es posición reiterada de este Comité que para que un recurso tenga que ser agotado éste ha de tener posibilidades de prosperar. El Comité considera, como lo hizo en el caso de Cesáreo Gómez Vázquez contra España (comunicación 701/1996) que existe jurisprudencia reiterada del Tribunal Constitucional español denegando el recurso de amparo en cuestión de revisión de sentencias, por lo que el Comité estima que no existe impedimento alguno para que la comunicación sea admitida.

8.3. Conformemente al párrafo 2.a) del artículo 5 del Protocolo Facultativo, antes de examinar una comunicación, el Comité tendrá que cerciorarse de que el mismo asunto no fue sometido ya a otro procedimiento de examen o arreglo internacionales. El Comité se da cuenta de que existe una discrepancia en el texto de la versión española del artículo 5.2.a) y las versiones Inglesa y Francesa[7] que va más allá que un mero error de traducción y que

_____

[7]   Artículo 5.2.a) " El Comité no examinará ninguna comunicación de un individuo a menos que se haya cerciorado de que: El mismo asunto no ha sido sometido ya a otro procedimiento de examen o arreglo internacionales" / "Le

pone de manifiesto diferencias substanciales en cuanto al fondo. Esta discrepancia fue discutida por los miembros del Comité en su cuarto período de sesiones en Nueva York, el 19 de julio de 1978 (CCPR/C/SR.88 de 24 de julio de 1978)[8]. Así, y teniendo en cuenta la decisión tomada al respecto en 1978, reitera que el término "sometido", en la versión española, debe interpretarse a la luz de las otras versiones, por lo que debe entenderse como que "esté siendo examinado" por otro procedimiento de examen o arreglo internacionales. En base a esta interpretación, el Comité considera que el caso de Joseph Semey no está siendo examinado por el Tribunal Europeo. Asimismo, el Comité toma nota de que el Estado parte no invocó la reserva formulada respecto al párrafo 2.a) del artículo 5 del Protocolo Fa-

---

Comité n'examinera aucune communication d'un particulier sans s'être assuré que: La même question n'est pas deja en cours d' examen devant une autre instance internationale d'enquête ou de règlement." / "The Committee shall not consider any communication from an individual unless it has ascertained that: The same matter is not being examined under another procedure of international investigation or settlement".

[8]   En la discusión los distintos miembros del Comité expresaron diversas opiniones al respecto:

El Sr. Mora Rojas dijo "que en el texto español se niega al Comité la posibilidad de examinar asuntos que ya hayan sido sometidos a otro procedimiento de examen o arreglo internacionales, por lo que, en el fondo, difiere de las versiones en los demás idiomas. (...) El orador abriga dudas acerca de la competencia del Comité para iniciar el procedimiento de corrección motu propio o hacer caso omiso de las contradicciones o errores en las versiones en ciertos idiomas y decidir aplicar el texto ingles".

El Sr. Tomuschat dijo que "Los pactos internacionales no pueden tener significados diferentes para los diferentes Estados partes". Sir Vincent Evans señaló que " El que en la versión española se haya conservado un texto que se había enmendado en las demás versiones ha sido evidentemente un error (...) no puede dejarse de advertir a los Estados de habla española de una cuestión que puede afectar su posición sobre una comunicación determinada o influir en su actitud con respecto a ratificar el Protocolo Facultativo o formular una reserva acerca de su ratificación".

Al final de las sesión el Presidente del Comité señaló que el informe podría reflejar el consenso de que el Comité trabajará sobre la base de los textos inglés, francés y ruso del inciso a) del párrafo 2 del artículo 5 del Protocolo Facultativo. El Sr. Opsahl puntualizó que el Comité no adoptó ninguna decisión en abstracto acerca de la interpretación del Protocolo Facultativo, ya que eso no entra dentro de su competencia.

cultativo. Por consiguiente no existe tampoco impedimento en este sentido para que la comunicación sea admitida.

8.4. En cuanto a la alegación del autor relativa a la violación del artículo 26 del Pacto, por haber sido condenado por ser negro, el Comité estima que el autor no ha proporcionado información para substanciar su queja a los efectos de admisibilidad con arreglo a lo dispuesto en el artículo 2 del Protocolo Facultativo. Asimismo el Comité considera que la alegación del autor, en cuanto a una violación del artículo 9.1 del Pacto, al estar obligado a cumplir la totalidad de su condena íntegramente tampoco ha sido suficientemente fundamentada a efectos de admisibilidad en virtud del artículo 2 del Protocolo Facultativo.

8.5. Respecto a la denuncia de que Isabel Pernas y el autor <u>fueron juzgadas en momentos distintos,</u> el Comité señala que el autor no ha logrado establecer el vínculo con los derechos violados en el Pacto por lo que esta alegación resulta también inadmisible en virtud del artículo 3 del Protocolo Facultativo.

8.6. El Comité observa que la denuncia del autor sobre <u>la violación del artículo 14.1 y 14.2</u> se refiere especialmente a la evaluación de hechos y pruebas. Tal como ha manifestado el Comité en otras ocasiones (934/2000 G. V. Canadá), incumbe a los tribunales de los Estados Partes y no al Comité evaluar los hechos en cada caso concreto. No es competencia del Comité revisar hechos ni declaraciones que han sido evaluadas por los tribunales nacionales salvo que sea evidente que la evaluación fue arbitraria o que hubo un error judicial. La información a disposición del Comité no demuestra que la evaluación de los hechos por los tribunales españoles fuera manifiestamente arbitraria o pudiera considerarse que haya existido una denegación de la justicia. Por tanto, esta alegación no ha sido fundamentada a propósito de admisibilidad de conformidad con el artículo 2 del Protocolo Facultativo.

8.7. Respecto a la alegación sobre <u>la violación del artículo 14.3.e)</u> del Pacto, en cuanto a la denegación de la prueba del careo, del material del que dispone el Comité se evidencia que las partes fueron sometidas al principio de contradicción y que el abogado defensor del autor tuvo la posibilidad de interrogar a la Sra. Isabel Pernas. Asimismo, de la información de la que dispone el Comité tampoco se evidencia que el autor planteara esta cuestión ante los tribunales nacionales antes de someterla ante el Comité. Por consiguiente, esta parte de la comunicación es inadmisible de conformidad con lo dispuesto en el artículo 2 del Protocolo Facultativo.

8.8. Respecto a la <u>supuesta violación del artículo 14.3.d</u> al no comparecer el abogado de oficio a las declaraciones ante el juez instructor en Arrecife, el Comité toma nota de que según el Estado parte no hubo ninguna alegación al respecto ni en el juicio oral ni en el recurso de casación. Toma nota igualmente de que según el autor esto fue mencionado en el escrito de recurso de reforma contra el auto de procesamiento y en el escrito de recurso de casación. Tras analizar el escrito del recurso de reforma, el Comité concluye que no hay mención alguna en el mismo sobre este hecho. Igualmente, al querer analizar el escrito de recurso de casación, el Comité se ha encontrado con una nota en la documentación presentada por el autor en la que dice "no he encontrado el escrito del Recurso de casación". Consecuentemente, en base a la información sometida por el autor, el Comité concluye que esta parte de la comunicación es inadmisible de conformidad con lo dispuesto en el artículo 2 del Protocolo Facultativo.

8.8. En relación a la denuncia sobre la violación del l artículo 14.5, el Comité considera que ésta ha sido fundamentada en cuanto a la admisibilidad por lo que pasa a examinar el fondo de las mismas.

Examen sobre el fondo

9.1. El Comité toma nota de los argumentos del autor respecto a una posible violación del 14.5 del Pacto, al no volver a evaluar el Tribunal Supremo las circunstancias que llevaron a la Audiencia Provincial a condenarle. El Comité nota también que según el Estado Parte el Tribunal Supremo sí revisó la valoración de las pruebas del tribunal sentenciador. No obstante la posición del Estado parte de que las pruebas fueron revisadas en casación, y sobre la base de la información y documentos en manos del Comité, éste reitera el Dictamen del caso Cesáreo Gómez Vázquez y considera que la revisión no es completa de acuerdo con el artículo 14.5 del Pacto. El Comité de Derechos Humanos, actuando con arreglo al párrafo 4 del artículo 5 del Protocolo Facultativo del Pacto Internacional de Derechos Civiles y Políticos, considera que los hechos examinados revelan una violación del párrafo 5 del artículo 14 del Pacto, respecto a Joseph Semey.

9.2. De conformidad con el apartado a) del párrafo 3 del artículo 2 del Pacto, el autor tiene derecho a un recurso efectivo. El autor debe tener derecho a una revisión de su condena de acuerdo con los requisitos exigidos por el párrafo 5 del artículo 14 del Pacto. El Estado Parte tiene la obligación de tomar las disposiciones necesarias para que en lo sucesivo no ocurran violaciones parecidas.

9.3 Teniendo en cuenta que, al constituirse en parte en el Protocolo Facultativo, el Estado Parte ha reconocido la competencia del Comité para decidir si se ha violado el Pacto y que, de conformidad con el artículo 2 del mismo, el Estado Parte se ha comprometido a garantizar a todos los individuos que se encuentren en su territorio o estén sujetos a su jurisdicción los derechos reconocidos en el Pacto, y a proporcionar un recurso efectivo y ejecutable si se determina que se ha producido una violación, el Comité desea recibir del Estado Parte en un plazo de 90 días información sobre las medidas adoptadas para aplicar el dictamen del Comité. Se solicita al Estado parte la publicación de este dictamen.

[Aprobado en español, francés e inglés, siendo la española la versión original. Posteriormente se publicará también en árabe, chino y ruso como parte del informe anual del Comité a la Asamblea General.]

Pacto Internacional de Derechos Civiles y Políticos

Distr. general
29 de agosto 2003

Original: Español

COMITÉ DE DERECHOS HUMANOS

Comunicación N° 2202/2012

Dictamen aprobado por el Comité en su 108° período de sesiones (8 a 26 de julio de 2013)

Presentada por:	Rafael Rodríguez Castañeda (representado por Graciela Rodríguez Manzo)
Presunta víctima:	El autor
Estado Parte:	México
Fecha de comunicación:	25 de octubre de 2012 (presentación inicial)
Referencias:	Decisión del Relator Especial con arreglo a los artículos 92 y 97 del reglamento, transmitida al Estado parte el 31 de octubre de 2012 (no se publicó como documento)
Fecha de aprobación del dictamen:	18 de julio de 2013
Asunto:	Acceso a las boletas electorales de la elección presidencial
Cuestiones de procedimiento:	Otros procedimientos de examen o arreglo internacional
Cuestiones de fondo:	Derecho de acceso a la información
Artículos del Pacto:	2, párrafos 1,2, y 3 a) y c); 14, párrafo 1; y 19, párrafo 2
Artículos del Protocolo Facultativo:	3; y 5, párrafo 2 a)

155

Anexo

Dictamen del Comité de Derechos Humanos a tenor del artículo 5, párrafo 4, del Protocolo Facultativo del Pactos Internacional de Derechos Civiles y Políticos (108° período de sesiones)

respecto de la

Comunicación N° 2202/2012*

Presentada por:	Rafael Rodríguez Castañeda (representado por Graciela Rodríguez Manzo)
Presunta víctima:	El autor
Estado Parte:	México
Fecha de comunicación:	25 de octubre de 2012 (presentación inicial)

El Comité de Derechos Humanos, establecido en virtud del artículo 28 del Pacto Internacional de Derechos Civiles y Políticos,

Reunido el 18 de julio de 2013

Habiendo concluido el examen de la comunicación N° 2149/2012, presentada al Comité de Derechos Humanos por el Sr. Rafael Rodríguez Castañeda en virtud del Protocolo Facultativo del Pacto Internacional de derechos Civiles y Políticos.

Habiendo tenido en cuenta toda la información que le han presentado por escrito el autor de la comunicación y el Estado parte,

Aprueba el siguiente:

Dictamen a tenor del artículo 5, párrafo 4, del Protocolo Facultativo

1.1   El autor de la comunicación es Rafael Rodríguez Castañeda, ciudadano mexicano nacido el 11 de junio de 1944. El autor alega ser victima de la violación por México de sus Derechos Reconocidos en los artículos 19,

---

* Participaron en el examen de la comunicación los siguientes miembros del Comité: Sr. Yadh Ben Achour, Sr. Lazhari Bouzid, Sra. Christine Chanet, Sr. Ahmad Amin Fathalla, Sr. Cornelis Flinterman, Sr. Yuji Iwasawa, Sra. Zonke Zanele Majodina, Sr Kheshoe Parsad Matadeen, Sr. Gerald L. Neuman, Sir Nigel Rodley, Sr. Victor Manuel Rodríguez-Rescia, Sr. Fabian Ornar Salvioli, Sra. Anja Seibert-Fohr, Sr. Yuval Shany, Sr. Konstantine Vardzelashvili y Sra Margo Waterval. Se adjunta al presente dictamen el texto de dos opiniones particulares (concurrentes) del Sr. Neuman y del Sr. Shany

párrafo 2; y 2, párrafos 2 y 3 a) y b), leídos conjuntamente con los artículos 14, párrafo 1; y 2, párrafo 1, del Pacto. El autor esta representado por la Sra. Graciela Rodríguez Manzo.

1.2   El 31 de octubre de 2012, el Relator Especial sobre nuevas comunicaciones y medidas provisionales, actuando en nombre del Comité de Derechos Humanos y de conformidad con el artículo 92 del reglamento del Comité, solicitó al Estado parte que suspendiera la destrucción de las boletas electorales de la elección del 2 de julio de 2006, mientras la comunicación estuviera siendo examinada por el Comité.

1.3   El 14 de noviembre de 2012, el Consejo General del Instituto Federal Electoral (IFE) decidió suspender la destrucción de las boletas electorales de la elección del 2 de julio de 2006, en atención a la solicitud de medidas provisionales formulada por el Comité.

Los hechos expuestos por el autor

2.1   El 2 de julio de 2006 se llevaron a cabo elecciones presidenciales en el Estado parte. Según el cómputo inicial, el candidato que a la postre fue reconocido como triunfador de las elecciones obtuvo 15.000.284 votos, es decir, el 35,89% de los sufragios, en tanto que el candidato que ocupó el segundo lugar logró 14.756.350 votos, el equivalente al 35,31% de los votos. Debido a que diversos partidos políticos impugnaron los resultados ante los Consejos Distritales del Instituto Federal Electoral, se procedió al recuento parcial de los votos mediante la intervención del Tribunal Electoral del Poder Judicial Federal (TEPJF), órgano especializado y última instancia en materia electoral, que declaró que, conforme a los resultados definitivos, los dos candidatos más votados habían obtenido el 35,89% y el 35,33% de los votos, de un total de 41.557.430 votos. Según el autor, como resultado de la intervención del TEPJF, la diferencia entre ambos candidatos inicialmente fue de 243.934 votos, la misma que se redujo finalmente a 233.831 votos. De manera similar, el número de votos nulos después de la revisión pasó de 904.604 a 900.373 votos. No obstante esta revisión de votos, un sector de la sociedad siguió cuestionando los resultados y el número de votos emitidos debido a diversos eventos sucedidos en las horas siguientes a la jornada electoral, como la falta de difusión de los resultados del conteo rápido y las inconsistencias en los resultados del Programa de Resultados Electorales Preliminares del IFE en torno al número de votos emitidos para elecciones presidenciales y de senadores.

2.2   En este contexto, el 28 de julio de 2006, el autor, periodista de la revista *Proceso*, solicitó a la Unidad de Enlace del IFE en Materia de Transparencia y Acceso a la Información, en virtud de la Ley federal de transparencia y acceso a la información pública gubernamental, acceso a las boletas sobrantes, inutilizadas y los votos válidos y nulos en todas las casillas instaladas durante la jornada electoral del 2 de julio de 2006, inmediatamente después de que el TEPJF concluyera el dictamen sobre la validez de los comicios presidenciales. Para este fin, el autor solicitó acceso a los locales de los 300 distritos electorales del país para que se contabilizaran de nuevo las boletas de las elecciones presidenciales[1].

2.3   El 1 de septiembre de 2006, la Dirección Ejecutiva de Organización Electoral informó al Comité de Información del IFE que el acceso a las boletas electorales por el autor no era posible debido a que el proceso electoral no había concluido y se encontraba bajo consideración del TEPJF. Además, las boletas se encontraban bajo garantía de inviolabilidad de acuerdo al artículo 234, párrafo 4, del Código Federal de Instituciones y Procedimientos Electorales (COFIPE) vigente en esa fecha, salvo orden distinta del TEPJF, con arreglo a las excepciones previstas en el artículo 247 del mismo Código, siendo todas estas normas, de acuerdo al artículo 1 del COFIPE, de orden público y observancia general. Por otra parte, en lo que respecta a la validez de las elecciones presidenciales, la Dirección Ejecutiva consideró que el IFE no era competente para responder a esta parte de la solicitud del autor, toda vez que correspondía al TEPJF la emisión de dicha declaratoria así como de las impugnaciones sobre la misma.

2.4   El 5 de septiembre de 2006, el Comité de Información del IFE denegó la solicitud del autor de acceder a las boletas electorales. No obstante, en salvaguarda del derecho del autor de acceder a la información electoral, ordenó se pusieran a su disposición las diversas actas que el IFE emitió con relación a las elecciones presidenciales de 2006. El Comité de Información determinó que se encontraba imposibilitado de atender a la solicitud del autor toda vez que las leyes electorales no establecían disposición sobre el acceso general a las boletas y, por el contrario, de acuerdo a los artículos 234 y 254 del COFIPE vigente en ese momento, debía garantizarse la inviolabilidad de la documentación requerida y destruirla una vez que el TEPJF

---

[1]   El Comité observa que, de acuerdo a la copia de la solicitud presentada al IFE y la demanda de amparo del autor, de fecha 18 de septiembre de 2006, proporcionadas por el autor conjuntamente con su comunicación, el 28 de julio de 2006, este presentó dos solicitudes adicionales a la Unidad de Enlace del IFE, pidiendo copias de las actas de la jornada electoral y del acta final de escrutinio y cómputo de las 130.477 casillas instaladas en todo el país, así como de las actas circunstanciadas de recepción del paquete electoral, el acta circunstanciada de la sesión de cómputo, y las actas de cómputo de los 300 distritos electorales del país, respecto a la elección de Presidente de la República.

hubiera resuelto todas las impugnaciones sobre el proceso electoral y declarado al candidato electo. Estas normas se fundamentaban en el carácter secreto del voto, por lo que el acceso se podía producir solo en casos excepcionales y únicamente por las autoridades del TEPJF para la sustanciación de las impugnaciones que pudieran presentarse. Por otra parte, el Comité de Información señaló que, de acuerdo a la Ley Federal de Transparencia y Acceso a la Información Pública Gubernamental y al Reglamento del IFE en Materia de Transparencia y Acceso a la Información Pública, las boletas electorales no eran un documento público sino solo la expresión material de la preferencia electoral de los ciudadanos votantes. Para efecto de acceso a la información relativa a la jornada electoral, debía considerarse suficiente poner a disposición del interesado las actas que emiten las autoridades del IFE, al concluirse la votación, en las que consta, entre otros, el sentido de los votos contenidos en la urna y a su contabilización. Estas actas son emitidas y firmadas por los funcionarios de la respectiva mesa directiva de casilla, y avaladas por los representantes de los institutos políticos que participan en la contienda.

2.5   El 20 de septiembre de 2006, el autor presentó una demanda de amparo ante el Juzgado Cuarto de Distrito en Materia Administrativa en el Distrito Federal (Juzgado 4°) contra el acuerdo de la Dirección Ejecutiva de Organización Electoral del 1 de septiembre de 2006, la decisión del Comité de Información que denegó su solicitud de acceso a la boletas electorales y la disposición del artículo 254, párrafo 2, del COFIPE, que establecía que, concluido el proceso electoral, se procedería a la destrucción de los sobres que contenían el material electoral, incluidas las boletas electorales. El autor alegaba que la denegatoria de su solicitud violaba su derecho a la información, establecido, entre otros, en la Constitución del Estado parte y en el artículo 19 de Pacto. En virtud de este derecho, la regla general debía ser la publicidad de la información en poder de las autoridades y el acceso a ella, sin mayores restricciones que las previstas en la ley para satisfacer un interés público imperativo dentro de una sociedad democrática. Concluido el proceso electoral, las boletas electorales eran documentos que no se hallaban sustraídos al conocimiento público, dado que no se establecían expresamente como información reservada o confidencial. En cuanto al artículo 254, párrafo 2, del COFIPE, alegaba que la disposición era inconstitucional y contravenía el derecho a la información, porque la destrucción del material electoral imposibilitaba hacer efectivo el derecho de pedir y recibir información en poder de las autoridades, sin que esta limitación pudiera justificarse por razones de seguridad nacional, orden público o moral, salud o paz pública. Finalmente, señalaba que el acceso a las actas electorales no justificaba la denegatoria de acceso a las boletas electorales ni satisfacía plenamente su derecho de acceso a la información, toda vez que se trataba de información distinta que le permitiría contrastar los aciertos e inconsistencias que pudieran haber surgido al plasmar el contenido de las boletas electorales en las actas, con un mero afán de transparentar la gestión pública y evaluar el desempeño de las autoridades electorales.

2.6   El 21 de septiembre de 2006, el Juzgado 4o declaró la demanda de amparo improcedente, por considerar que a través de esta demanda el autor intentaba cuestionar actos contra los cuales no resultaba procedente el recurso de amparo, sino los medios impugnatorios que establecen las leyes electorales.

2.7   El 5 de octubre de 2006, el autor interpuso un recurso de revisión contra la decisión del Juzgado 4° ante el Primer Tribunal Colegiado en Materia Administrativa del Primer Circuito (Primer Tribunal Colegiado) alegando que el objeto de su demanda no era impugnar resoluciones o invalidar decisiones en materia electoral tomadas por el IFE sino proteger su derecho fundamental de acceso a la información en posesión del Estado.

2.8   El 31 de octubre de 2006, el Primer Tribunal Colegiado solicitó a la Corte Suprema de Justicia (CSJ) que conociera del recurso de revisión presentado por el autor, a lo que la CSJ accedió.

2.9   El 11 de marzo de 2008, la CSJ desestimó la demanda de amparo del autor y confirmó la resolución de improcedencia del Juzgado 4°. La CSJ señaló que el artículo 254 del COFIPE, en que se había fundamentado la resolución del IFE que había denegado la solicitud del autor de acceso a las boletas electorales, era de carácter electoral ya que su objeto era regular un aspecto del propio proceso electoral. Así, esta norma determinaba el destino final de los sobres que contenían las boletas de los votos válidos y nulos así como las boletas sobrantes inutilizadas, al establecer que las mismas debían ser destruidas una vez concluido el proceso correspondiente. Igualmente, el acto de aplicación de la norma que había denegado el acceso a los sobres con las boletas electorales era de naturaleza electoral. Por tanto, la demanda del autor resultaba improcedente toda vez que los actos, normas o resoluciones de contenido materialmente electoral no podían ser objeto de amparo.

2.10   El 24 de abril de 2008, el autor presentó una denuncia y una solicitud de medidas cautelares ante la Comisión Interamericana de Derechos Humanos (CIDH), alegando que se habían violado sus derechos reconocidos en la Convención Americana sobre Derechos Humanos (Pacto de San José de Costa Rica) de acceso a la información (arts. 13.1 y 13.2) y a un recurso efectivo (art. 25.1), ambos en relación con su derecho a las garantías judiciales (art. 8.1) y las obligaciones generales (arts. 1.1 y 2) establecidas en dicha Convención. El 2 de julio de 2008, la CIDH solicitó al Estado parte

160

que adoptara medidas urgentes para suspender la destrucción de las boletas electorales de las elecciones presidenciales del 2 de julio de 2006.

2.11 El 2 de noviembre de 2011, la CIDH declaró la inadmisibilidad de la denuncia del autor toda vez que no exponía hechos que caracterizaran una violación de los derechos garantizados por el Pacto de San José de Costa Rica. La CIDH consideró que las actas de escrutinio y cómputo elaboradas en cada mesa electoral, puestas a disposición del autor, reflejaban de manera sistematizada la información contenida en las boletas electorales. Siendo que, de acuerdo a su jurisprudencia, el acceso a la información comprende tanto el acceso al dato procesado como el acceso a la información en bruto, la CIDH concluyó que la información proporcionada por el Estado parte satisfacía o podía haber satisfecho la necesidad del autor de acceder a la información y que este no había aportado elementos para demostrar por qué dicha información no le habría servido.

2.12 El 3 de octubre de 2012, el Consejo General del IFE emitió el Acuerdo General CG N° 660/2012, autorizando la destrucción de las boletas electorales de las elecciones presidenciales de 2006, entre el 12 y el 26 de noviembre de 2012.

2.13 El autor alega que tras el fallo de la CSJ del 11 de marzo de 2008 sobre esta cuestión se agotaron todos los recursos efectivos internos. Por otra parte, aunque había presentado anteriormente una denuncia a la CIDH, en el momento de la presentación de la comunicación al Comité de Derechos Humanos no existía denuncia alguna que estuviera siendo examinada por otro procedimiento de examen o arreglo internacional. A este respecto, el autor alega que, si bien la versión del texto en idioma español del artículo 5, párrafo 2 a), del Protocolo Facultativo difiere del texto en otros idiomas, al establecer que el Comité "no examinará ninguna comunicación de un individuo a menos que se haya cerciorado de que [...] el mismo asunto no ha sido sometido ya a otro procedimiento de examen o arreglo internacionales", esta disposición debe ser ajustada de acuerdo a la versión del texto en idioma inglés, por ser la interpretación que prevalece en la jurisprudencia del Comité y la más favorable a la persona. Así, debe entenderse esta disposición en el sentido que el Comité "no examinará ninguna comunicación de un individuo a menos que se haya cerciorado de que el mismo asunto [no esté siendo conocido] ya [en] otro procedimiento de examen o arreglo internacionales". Además, la CIDH no examinó el fondo de su denuncia en tanto que fue declarada inadmisible conforme al artículo 47, párrafo b), de la Convención Americana al considerar que "no se contaba con elementos que permitan caracterizar *prima facie* una posible violación a derechos amparados por la Convención". En consecuencia, la comunicación cumple con los requisitos de admisibilidad establecidos en el artículo 5, párrafo 2 a) y b), del Protocolo Facultativo.

La denuncia

3.1 El autor afirma ser víctima de violaciones por el Estado parte de sus derechos reconocidos en los artículos 19, párrafo 2; y 2, párrafos 2 y 3 a) y b), leídos conjuntamente con los artículos 14, párrafo 1, y 2, párrafo 1, del Pacto.

3.2 En relación con la alegación de violación del artículo 19, párrafo 2, el autor sostiene que la negativa del IFE a su solicitud de acceder, una vez terminadas las elecciones presidenciales de 2006, a las boletas sobrantes, inutilizadas y los votos válidos y nulos en todas las mesas electorales instaladas en dichas elecciones violó su derecho a pedir, recibir y difundir información. De esta forma, se le negó el derecho a conocer lo que había sucedido en dichas elecciones y, con ello, su derecho a cuestionar, indagar y considerar si se dio un adecuado cumplimiento de las funciones públicas por parte del IFE. Como regla general, toda información en posesión de cualquier autoridad es pública y únicamente puede limitarse su acceso de modo temporal por razones excepcionales. Por tanto, el Estado parte está en la obligación de suministrar información de interés público sobre cualquiera de sus actuaciones, salvo en el caso que se hayan introducido limitaciones permitidas por el propio Pacto.

3.3 La negativa del IFE a su solicitud constituyó una limitación que restringió excesivamente su derecho de acceso a la información en poder del Estado, sin que mediara una justificación razonable o proporcional, dado que el propósito de su solicitud no ponía en peligro la seguridad nacional, ni el orden público, ni los derechos de terceros. Por tanto, el Estado parte no puede invocar ninguna de las causales previstas en el artículo 19, párrafo 3, del Pacto para justificar esa decisión. Las restricciones deben responder a un objetivo permitido y ser necesarias en una sociedad democrática, esto es, que estén orientadas a satisfacer el interés público. En consecuencia, al fijarse una restricción, esta debe ser proporcional al interés que la justifica, conducente para alcanzar el logro de ese legítimo objetivo, e interferir en la menor medida posible en el efectivo ejercicio del derecho.

3.4 La decisión de la CSJ que desestimó su apelación y confirmó la sentencia del Juzgado 4° constituyó una violación del derecho a un recurso judicial efectivo, establecido en el artículo 2, párrafo 3 a) y b), leído conjuntamente con el artículo 14, párrafo 1, del Pacto, toda vez que denegó arbitrariamente al autor la protección judicial de sus derechos y a ser oído con las debidas garantías judiciales. La CSJ vulneró el principio de legalidad al apartarse de sus propios precedentes y considerar como materia electoral el objeto de la demanda del autor. La norma que regulaba la destrucción de las boletas utilizadas en las elecciones presidenciales, establecida en el artículo 254 del COFIPE, no debió ser considerada de naturaleza electoral toda vez que, de acuerdo al artículo 170 de este Código, el proceso electoral finalizaba con la intervención del Tribunal Electoral que declaraba la validez de las elecciones y anunciaba al presidente electo. Más aún, en el marco de una demanda de amparo, el sentido de lo que se entiende por materia electoral debía interpretarse de forma estricta.

3.5   El autor sostiene que la demanda de amparo era la única vía idónea para proteger su derecho de acceso a la información. De acuerdo a la legislación vigente en ese momento, el recurso de transparencia ante el IFE, con el que podía intentar revertir la decisión negativa de acceso a las boletas electorales no era adecuado ni efectivo debido a que no permitía cuestionar la constitucionalidad del artículo 254 del COFIPE. De igual manera, el proceso para la protección de derechos políticos electorales ante las autoridades judiciales electorales no era adecuado debido a que su solicitud de información formulada al IFE no perseguía finalidad electoral alguna y a que, dentro de ese proceso, no podía solicitar la suspensión de la destrucción de las boletas electorales.

3.6   En relación con el artículo 2, párrafo 2, del Pacto, el autor alega que el Estado parte no adoptó medidas oportunas para armonizar su legislación nacional con el Pacto y hacer efectivos los derechos reconocidos en este. Por el contrario, el artículo 302 del nuevo Código Federal de Instituciones y Procedimientos Electorales de 2008 mantiene la norma que ordena la destrucción de las boletas electorales una vez concluido el proceso electoral, en vez de ordenar que las mismas se preserven en archivos abiertos a todas las personas interesadas, de forma que se asegure el derecho de acceso a la información pública.

Observaciones del Estado parte sobre la admisibilidad y el fondo

4.1   El 12 de noviembre de 2012, el Estado parte presentó sus observaciones sobre la admisibilidad y el fondo de la comunicación y solicitó al Comité se declarase la comunicación inadmisible en virtud del artículo 5, párrafo 2 a), o, en su defecto, del artículo 3 del Protocolo Facultativo. Agrega que la presentación de sus observaciones no debe entenderse ni interpretarse en modo alguno en el sentido de la aceptación de la competencia del Comité respecto a las cuestiones de admisibilidad y de fondo de la comunicación.

4.2   El Estado parte argumenta que la comunicación es inadmisible en virtud del artículo 5, párrafo 2 a), del Protocolo Facultativo, toda vez que el mismo asunto ya había sido sometido a otro procedimiento de examen o arreglo internacional por el autor, cuando recurrió a la Comisión Interamericana de Derechos Humanos. Esta es un órgano de carácter internacional, público, cuasijudicial e independiente, cuya naturaleza está comprendida dentro de los procedimientos de examen o arreglo internacional a que se refiere el artículo 5, párrafo 2 a), del Protocolo Facultativo.

4.3   Si bien el Comité ha reconocido que existen discrepancias entre los textos en español, francés e inglés del párrafo 2 a) del artículo 5 del Protocolo Facultativo, el Protocolo Facultativo no establece ninguna jerarquía, preferencia o prelación entre los textos a los que se refiere el artículo 14, párrafo 1, siendo todos igualmente auténticos. De acuerdo a la Convención de Viena sobre el derecho de los tratados, de 1969, un texto debe ser interpretado de buena fe conforme al sentido corriente que haya de atribuirse a los términos del tratado en el contexto de estos y teniendo en cuenta su objeto y fin. Más aun, conforme al artículo 33, párrafo 3, de dicha Convención, la versión auténtica en idioma español y su contenido se presume en el mismo sentido que el resto de las versiones. En este contexto, y siendo el español el idioma oficial del Estado parte, la adhesión del Estado parte al Protocolo se realizó con base al texto en idioma español, obligándose en los términos de este texto. Por tanto, el Estado parte en ningún modo está obligado por los textos auténticos en otros idiomas del Protocolo Facultativo.

4.4   La alegación del autor de que el texto en español del Protocolo "se ha ajustado" a la versión en idioma inglés carece de fundamento en el derecho de los tratados. Por otra parte, el Estado parte sostiene que la interpretación adoptada por el Comité respecto al texto en español del párrafo 2 a) del artículo 5 del Protocolo Facultativo en su cuarto período de sesiones, en que determinó que el término "sometido" en la versión en idioma español debía interpretarse a la luz de las otras versiones, por lo que debía entenderse como "esté siendo examinado" por otro procedimiento de examen o arreglo internacional[3], era unilateral y en ningún modo oponible a los Estados partes en el Protocolo Facultativo. Agrega que este punto no ha sido tratado en las reuniones de los Estados partes ni en ninguna otra oportunidad, que permita suponer o inferir el acuerdo o la aquiescencia, explícita o implícita, de los Estados partes con la interpretación adoptada por el Comité. Por tanto, el texto auténtico en idioma español es la versión válida del Protocolo Facultativo para el Estado parte y para todos los Estados que lo han ratificado en español.

---

[3]   *Documentos oficiales de la Asamblea General, trigésimo cuarto período de sesiones, Suplemento N° 40 (A/34/40)*, párr. 584 (véase CCPR/C/SR.88, de 24 de julio de 1978).

4.5   Al adherirse al Protocolo Facultativo, el Estado parte no formuló una reserva respecto al párrafo 2 a) del artículo 5, para excluir la competencia del Comité cuando el asunto ha sido sometido ya a otro procedimiento de examen o arreglo internacional debido a que su adhesión se basó en el texto en idioma español, con el que concordaba y por el que se obligó. Habría sido absurdo que presentase una reserva para que se entendiera lo que ya establecía claramente el texto del Protocolo Facultativo.

4.6   El Estado parte está en desacuerdo con la alegación del autor de que debe aplicarse la norma más favorable, ya que lo que está en discusión no es la aplicación de dos normas diferentes, sino la cuestión de saber si debe aplicarse el texto igualmente auténtico de un tratado internacional en idioma español. El Estado parte resalta además que la decisión de la CIDH que desestimó la denuncia del autor no solo examinó asuntos de mero procedimiento sino también el fondo de la denuncia, no encontrando pruebas de violación de los derechos humanos del autor.

4.7   En cuanto al fondo de la comunicación, el Estado parte señala que la denuncia presentada por el autor ante la CIDH versó sobre los mismos hechos y controversias jurídicas que trae ante el Comité. La CIDH evaluó las alegaciones presentadas con relación al derecho a la información de manera sustancial y concluyó que la información contenida en las actas electorales de las elecciones de 2006, a disposición del autor, satisfacía el derecho del autor de acceder a la información. A este respecto, el Estado parte reitera los argumentos que en su día presentó ante la CIDH, en particular, que en el proceso electoral de 2006 se garantizó el derecho de acceso a la información del autor y de los ciudadanos en general a través del sistema de información de los resultados electorales. El contenido de las boletas se refleja en las actas de escrutinio y cómputo que consignan los resultados de la votación, preparadas por ciudadanos elegidos aleatoriamente. Todas las actas del proceso electoral de 2006, así como el cómputo de votos por distrito, son públicas y accesibles. Las actas reflejan la voluntad de los ciudadanos electores consignando el número de votos emitidos a favor de cada candidato, del número de votos nulos y del número de boletas no utilizadas. Además, las sesiones de escrutinio tienen lugar en presencia de los representantes de los partidos políticos y, en su caso, de observadores electorales.

4.8   La publicidad y transparencia de los resultados electorales se encuentra garantizada por las normas que al efecto establece el COFIPE. El acceso público a los resultados electorales tiene lugar incluso antes que los resultados electorales alcancen su carácter definitivo. Una vez realizado el escrutinio y cómputo, los resultados electorales son plasmados en avisos que son fijados en las mesas directivas de casilla, en los consejos distritales y locales, así como en las actas de escrutinio y cómputo.

4.9   Las boletas electorales no son de acceso público y el COFIPE establece su destrucción, una vez concluido el proceso electoral. Las legislaciones electorales de otros Estados de la región establecen procesos específicos de destrucción de boletas electorales y que tal acto no puede considerarse como una vulneración del derecho de acceso a la información, ya que la destrucción de las boletas es una medida racional en tanto que está relacionada con el carácter definitivo de los procesos electorales y con poner fin a los costos de manejo y conservación de las boletas electorales.

4.10   Aunque ni el Protocolo Facultativo ni el Pacto establecen plazos perentorios para la presentación de comunicaciones, en el presente caso su presentación seis años después de que el último recurso de la jurisdicción interna fuera agotado, sin que existiera explicación que justificase esta demora, constituye un abuso del derecho de presentación y causal de inadmisibilidad con arreglo al artículo 3 del Protocolo Facultativo. Es más, si se considera que el derecho que el autor considera violado es sustancialmente idéntico en la Convención Americana sobre Derechos Humanos y el Pacto, resulta evidente que la presentación de la comunicación ante el Comité no buscaba la aplicación de una norma que brindase mayor protección, sino más bien de constituir al Comité en una instancia revisora de las decisiones de fondo del sistema interamericano de derechos humanos. El objetivo del Protocolo Facultativo no es convertir al Comité en una instancia revisora de otros procedimientos de examen o arreglos internacionales ni duplicar procedimientos examinando un caso sobre la base de disposiciones de contenido idéntico.

4.11   En relación con la solicitud de medidas provisionales del Comité, transmitida al Estado parte el 31 de octubre de 2012, el Estado parte considera que el Comité se ha extralimitado en sus facultades al formular tal solicitud, en la medida que, por una parte, no se encontraba frente a un caso que implicara un peligro para la vida, la integridad física o la seguridad de la persona y, por otra parte, no dio a conocer aquellos criterios o parámetros objetivos que le permitieron determinar la inminencia del daño irreparable al derecho del autor, ni mucho menos aportó pruebas de la existencia de una situación de gravedad o urgencia.

Comentarios del autor sobre las observaciones del Estado parte

5.1   El 21 de enero de 2013, el autor presentó comentarios sobre las observaciones del Estado parte. En cuanto a la admisibilidad de la comunicación, debe estimarse que el Estado parte no considera que existan causales de inadmisibilidad distintas a las invocadas con arreglo a los artículos 3; y 5, párrafo 2 a), del Protocolo Facultativo.

5.2   En relación con el artículo 5, párrafo 2 a), del Protocolo Facultativo, el autor sostiene que los argumentos del Estado parte respecto al alcance y la interpretación del texto auténtico en idioma español, no pueden sostenerse en virtud de la Convención de Viena sobre el derecho de los Tratados. El Estado parte cita el artículo 33 de la Convención, pero parece no aceptar que, cuando el texto de un tratado es auténtico en varios idiomas, todos ellos se suponen con igual sentido, a menos que se revele una diferencia que no pueda resolverse conforme a los artículos 31 y 39 de la Convención.

5.3   Las discrepancias entre los textos auténticos, incluido el texto en idioma español, deben disiparse mediante la conciliación de los textos teniendo en cuenta el objeto y fin del Pacto y del Protocolo Facultativo, a la luz de los principios de buena fe, efecto útil y pro persona. Aunque el Protocolo Facultativo establece un procedimiento que constituye en sí mismo un medio, entre varios, para que las personas cuenten con un recurso efectivo para la salvaguarda de sus derechos, estas discrepancias deben resolverse favoreciendo la admisibilidad de las comunicaciones para proteger a las personas y sus derechos.

5.4   El autor sostiene que su postura respecto al artículo 5, párrafo 2 a), del Protocolo Facultativo es concordante con la interpretación imperante del alcance de esta norma, a saber, que solamente es aceptable como causal de inadmisibilidad de una comunicación cuando la cuestión está siendo conocida por otro procedimiento de examen o arreglo internacional, a menos que se formule una declaración o reserva en contrario en su debido momento. Así, por ejemplo, varios Estados partes de otras regiones, incluidos dos cuyo idioma oficial es el español, en su momento formularon reservas o declaraciones sobre la disposición en cuestión.

5.5   La práctica ulterior seguida en aplicación del Protocolo Facultativo confirma la interpretación descrita en los puntos anteriores, en particular a través de la aceptación de la jurisprudencia del Comité con ocasión de las comunicaciones cuyos asuntos fueron tratados previamente por otra instancia internacional, así como de la norma establecida en el artículo 96, párrafo e), de su reglamento. Corresponde al Comité determinar su propia competencia.

5.6   Respecto a las observaciones del Estado parte con relación al artículo 3 del Protocolo Facultativo, el autor sostiene que, a efectos de la admisibilidad de una comunicación, no es relevante si el asunto ha sido sometido con anterioridad a otro procedimiento internacional, porque el Comité está facultado a conocer de estos casos por las propias normas que regulan su competencia. Por otra parte, la presentación de la comunicación no constituye un abuso de derecho de acuerdo al artículo 96, párrafo c), del reglamento del Comité, debido a que los recursos internos no se agotaron hasta el 11 de marzo de 2008, con la decisión de la CSJ que declaró improcedente su demanda de amparo. Además, el procedimiento internacional ante la CIDH concluyó recién el 2 de noviembre de 2011.

5.7   El argumento del Estado parte de que la comunicación es inadmisible con arreglo al artículo 3 del Protocolo Facultativo debido a que el mismo asunto fue sometido anteriormente a otro procedimiento de examen o arreglo internacional bajo preceptos sustancialmente idénticos no es una causal de inadmisibilidad prevista en el Protocolo Facultativo. La semejanza que puedan tener los derechos contenidos en diversos tratados internacionales de derechos humanos no puede ser un obstáculo para impedir que las supuestas víctimas persigan la reparación de las violaciones de sus derechos. Por el contrario, de acuerdo al principio pro persona, ninguna disposición de un tratado internacional de derechos humanos puede tomarse como pretexto para reducir los estándares de protección que resulten más favorables provenientes de otro ámbito, lo que incluye la procedencia de los procedimientos previstos para su salvaguarda.

5.8   La CIDH no se pronunció sobre el fondo de la denuncia del autor sino que se limitó a realizar un análisis primario para determinar su inadmisibilidad, sin que ello prejuzgara del fondo de la denuncia.

5.9   En cuanto al fondo de la comunicación, el autor reitera sus alegaciones y sostiene que estas no han sido rebatidas por el Estado parte.

5.10   El criterio empleado por la CIDH para examinar la presunta violación del derecho de acceso a la información, en que distingue entre información procesada e información en bruto, es irrelevante, porque el artículo 6, párrafo A, fracción I, de la Constitución del Estado parte establece como regla general que toda información en posesión de cualquier autoridad es pública, sin distinguir entre información concerniente a datos procesados o a datos brutos.

5.11   Igualmente, no puede exigirse al autor que aporte pruebas para demostrar las razones por las que el acceso a la información procesada en las actas electorales resultaba insuficiente o inservible, ya que, de acuerdo al artículo 6, párrafo A, fracción III de la Constitución no existe ninguna necesidad de acreditar interés alguno o justificar el uso que se fuera a dar a la información pública para la cual se pide el acceso.

5.12   Resulta inútil especular si el acceso a los resultados electorales o las actas electorales satisface o pudiera satisfacer el derecho del autor a acceder a la información solicitada, motivada por su interés periodístico, debido a que esos resultados y las boletas electorales solicitadas son documentos distintos. En particular, esta posición no puede sostenerse bajo el supuesto riesgo de posible alteración de la información en bruto, como sostuvo la CIDH. La destrucción de las boletas electorales supone una vulneración del derecho de acceso a la información establecido en el artículo 19, párrafo 2, del Pacto. De acuerdo a la Observación general N° 34 del Comité sobre la libertad de opinión y libertad de expresión (artículo 19 del Pacto) (CCPR/C/GC/34), el derecho de acceso a la información abarca toda documentación, con independencia del modo en que se almacene, su fuente y su fecha de producción. Igualmente, la propia Constitución del Estado parte reconoce como base de este derecho el deber de preservar la documentación en posesión de las autoridades, sin importar si se trata de datos brutos o procesados.

Deliberaciones del Comité

Examen de la admisibilidad

6.1   Antes de examinar toda reclamación formulada en una comunicación, el Comité de Derechos Humanos debe decidir, de conformidad con el artículo 93 de su reglamento, si la comunicación es admisible en virtud del Protocolo Facultativo del Pacto.

6.2   El Comité toma nota de los argumentos del Estado parte de que la comunicación es inadmisible en virtud del artículo 5, párrafo 2 a), del Protocolo Facultativo, porque el mismo asunto fue sometido por el autor a la Comisión Interamericana de Derechos Humanos, que lo declaró inadmisible porque no encontró elementos que permitieran caracterizar *prima facie* una violación de derechos amparados por la Convención Americana sobre Derechos Humanos.

6.3   El Comité considera que el texto del artículo 5, párrafo 2 a), del Protocolo Facultativo en idioma español, que establece que el Comité "no examinará ninguna comunicación de un individuo a menos que se haya cerciorado de que... el mismo asunto *no ha sido sometido* ya a otro procedimiento de examen o arreglo internacionales", puede dar lugar a una interpretación del sentido de este párrafo diferente de los textos en otros idiomas[4]. El Comité considera que tal diferencia debe resolverse de acuerdo al

---

[4]   Véase, por ejemplo en los textos auténticos en inglés: "The same matter is not being examined under another procedure of international investigation or settlement"; en francés: "La même question n'est pas déjà en cours d'examen devant une autre instance inernationale d'enquête ou de réglement"; y en ruso: "в соответствии с другой процедурой международного разбирательства или урегулирования"

artículo 33, párrafo 4, de la Convención de Viena sobre el derecho de los tratados de 1969, adoptando el sentido que mejor concilie los textos auténticos, habida cuenta del objeto y fin del tratado. El Comité recuerda su jurisprudencia de que la expresión "ha sido sometido", en el texto en español, debe interpretarse a la luz de las otras versiones, por lo que debe entenderse como que "está siendo examinado" por otro procedimiento de examen o arreglo internacional[5], y considera que esta interpretación concilia el sentido del artículo 5, párrafo 2 a), de los textos auténticos a los que se refiere el artículo 14, párrafo 1, del Protocolo Facultativo. Por consiguiente, el Comité estima que no existe impedimento a la admisibilidad de la comunicación con arreglo al artículo 5, párrafo 2 a), del Protocolo Facultativo.

6.4   En lo que respecta al requisito del agotamiento de los recursos internos, el Comité toma nota de la alegación del autor de que con la sentencia de la CSJ de 11 de marzo de 2008, que declaró improcedente su demanda de amparo, se agotaron todos los recursos internos. En ausencia de observaciones del Estado parte a este respecto, el Comité considera que no existe obstáculo a la admisibilidad de la comunicación en virtud del artículo 5, párrafo 2 b), del Protocolo Facultativo.

6.5   El Comité toma nota de los argumentos del Estado parte de que la comunicación debe declararse inadmisible en virtud del artículo 3 del Protocolo Facultativo por constituir un abuso del derecho a presentar una comunicación, debido a que fue presentada seis años después de que el último recurso de la jurisdicción interna fuera agotado, y a que intenta constituir al Comité en una instancia revisora de una decisión de la Comisión Interamericana de Derechos Humanos. **El Comité observa que el 2 de noviembre de 2011 la Comisión Interamericana declaró inadmisible la denuncia del autor, y que, posteriormente, el 25 de octubre de 2012, el autor presentó su comunicación al Comité.** En consecuencia, habiéndose presentado la comunicación dentro del plazo de tres años a contar de la conclusión de otro procedimiento de examen o arreglo internacional, el Comité considera que, según lo establecido en el artículo 96 c) de su reglamento, la fecha de presentación de la comunicación respecto al agotamiento de los recursos internos y de la decisión de otro órgano internacional, no constituye un abuso del derecho a presentar comunicaciones.

6.6   El Comité toma nota de la afirmación del autor de que el rechazo por el IFE de su solicitud de acceder a las boletas no utilizadas y los votos váli-

---

[5]   Comunicación N° 986/2001, *Semey c. España,* dictamen aprobado el 30 de julio de 2003, párr. 8.3.

dos y nulos en todas las casillas instaladas en las elecciones presidenciales de 2006, unido a las disposiciones legales que prevén la destrucción de las boletas una vez concluido el proceso electoral, violan su derecho de acceso a la información establecido en el artículo 19, párrafo 2, del Pacto; que tal rechazo no se justifica en virtud del artículo 19, párrafo 3, del Pacto; y que, contrariamente a lo afirmado por el Estado parte, el acceso a las actas electorales no podía reemplazar la información solicitada. El Comité considera que, a los fines de la admisibilidad, el autor ha fundamentado suficientemente su reclamación en virtud del artículo 19 del Pacto.

6.7   En cuanto a la reclamación del autor conforme al artículo 2, párrafo 3 a) y b), leído junto con el artículo 14, párrafo 1, el Comité toma nota de su alegación de que la decisión de la CSJ por la que esta desestimó el recurso del autor constituyó una violación del derecho a un recurso efectivo. El Comité considera que esta reclamación ha sido insuficientemente fundamentada a los fines de la admisibilidad y la declara inadmisible en virtud del artículo 2 del Protocolo Facultativo.

6.8   El Comité también toma nota de la alegación del autor formulada en virtud del artículo 2, párrafo 2, de que el Estado parte no adoptó medidas oportunas para adecuar su legislación nacional relativa a la destrucción de las boletas electorales una vez que las elecciones han concluido en vez de ordenar que se las conserve en archivos que sean accesibles para todos los interesados a fin de proteger el derecho de acceso a la información pública. El Comité recuerda su jurisprudencia al respecto, que establece que lo dispuesto en el artículo 2 del Pacto, que prevé obligaciones generales para los Estados partes, no puede en sí dar lugar a una reclamación en una comunicación en virtud del Protocolo Facultativo[6]. Por consiguiente, el Comité considera que las alegaciones del autor en este sentido son inadmisibles en virtud del artículo 2 del Protocolo Facultativo.

Examen de la cuestión en cuanto al fondo

7.1   El Comité de Derechos Humanos ha examinado la presente comunicación teniendo en cuenta toda la información que le han facilitado las partes, de conformidad con lo dispuesto en el artículo 5, párrafo 1, del Protocolo Facultativo.

---

[6]   Véanse las comunicaciones N° 1834/2008, A. P. c. Ucrania, decisión adoptada el 23 de julio de 2012, párr. 8.5; y N° 1887/2009, Juan Peirano Basso c. el Uruguay, dictamen aprobado el 19 de octubre de 2010, párr. 9.4.

7.2   El Comité toma nota de los argumentos del Estado parte de que el derecho del autor de acceder a la información se garantizó poniendo a su disposición las actas de escrutinio y cómputo; que todas las actas correspondientes reflejan la voluntad de los votantes; que la divulgación pública y la transparencia de los resultados de las elecciones quedan garantizados por las disposiciones pertinentes del Código Federal de Instituciones y Procedimientos Electorales ya que, una vez que han concluido el escrutinio y recuento de votos, los resultados se publican en avisos y se registran en las actas de escrutinio y cómputo. Sin embargo, el Estado parte indica que las boletas electorales no se ponen a disposición de la población; que por ley deben destruirse una vez concluido el proceso electoral; que la destrucción de las boletas no puede considerarse una vulneración del derecho de acceso a la información; y que se trata de una medida racional que refleja el carácter definitivo de las elecciones y elimina los costos del manejo y almacenamiento de las boletas.

7.3   El Comité también toma nota de la alegación del autor de que el Estado parte vulneró su derecho a obtener información, reconocido por el artículo 19, párrafo 2, del Pacto, porque la denegación del acceso a las boletas sobrantes y los votos válidos y nulos de todas las casillas electorales establecidas para las elecciones presidenciales de 2006 constituyó una restricción excesiva de ese derecho por el Estado parte, sin que hubiera motivos razonables o suficientemente serios para imponer dicha restricción, dado que toda la información en poder de cualquier organismo del Estado es información pública y el acceso a esta solo puede limitarse temporalmente y con carácter excepcional. En el presente caso, el propósito de la solicitud del autor no planteó una amenaza para la seguridad nacional, el orden público o los derechos de terceros. Por consiguiente, el derecho del autor no podía restringirse en virtud del artículo 19, párrafo 3, del Pacto. Además, el autor sostiene que no es indispensable que los que solicitan acceder a información pública expliquen su interés o justifiquen el uso que prevén hacer de la información.

7.4   El Comité recuerda que el derecho de acceso a la información en poder de los organismos públicos comprende los registros de que dispongan, independientemente de la forma en que esté almacenada la información, su fuente y la fecha de producción (CCPR/C/GC/34, párr. 18), y que los Estados partes deben hacer todo lo posible para garantizar un acceso fácil, rápido, efectivo y práctico a esa información (ibíd., párr. 19).

7.5   El Comité remite a su jurisprudencia que establece que toda restricción del derecho a la libertad de expresión debe reunir las siguientes condiciones estipuladas en el artículo 19, párrafo 3 del Pacto: estar expresamente fijada por la ley, cumplir uno de los objetivos enumerados en el artículo 19, párrafo 3 a) y b), y ser necesaria para alcanzar uno de esos objetivos[7].

7.6   El Comité observa la afirmación del autor de que solicitó acceder a las boletas electorales para analizar cuán exactamente se había registrado su contenido en las actas y detectar cualquier discrepancia que pudiera haber surgido durante ese proceso, simplemente con la intención de garantizar la transparencia de la gestión pública y de evaluar el desempeño de las autoridades electorales. El Comité también observa que el Comité de Información del Instituto Federal Electoral (IFE) rechazó la solicitud del autor de acceder a las boletas. Sin embargo, el IFE puso a su disposición las actas de escrutinio y cómputo redactadas por ciudadanos seleccionados al azar en cada casilla electoral de los 300 distritos electorales del país. Conforme a la legislación nacional, en esas actas se consigna el número de votos recibidos por cada candidato, el número de votos nulos y el número de boletas sobrantes. Por ley, el escrutinio se realiza en presencia de representantes de los partidos políticos, así como de observadores electorales acreditados en algunos casos, y los resultados transmitidos por cada casilla electoral pueden impugnarse y someterse a revisión por las autoridades superiores, como de hecho ocurrió en las elecciones presidenciales de 2006, cuando los resultados iniciales fueron parcialmente revisados por el Tribunal Electoral.

7.7   En vista de la existencia de un mecanismo legal para verificar el recuento de votos, que se utilizó en las elecciones en cuestión; del hecho de que se facilitaron al autor las actas de escrutinio y cómputo redactadas por ciudadanos seleccionados al azar en cada casilla de los 300 distritos electorales del país; de la naturaleza de la información y de la necesidad de preservar su integridad; y de las complejidades de proveer acceso a la información solicitada por el autor, el Comité considera que la denegación de acceso a la información solicitada, en forma de boletas físicas, tenía por finalidad garantizar la integridad del proceso electoral en una sociedad democrática. Esta medida constituyó una restricción proporcionada impuesta por el Estado parte, necesaria para proteger el orden público de acuerdo con la ley y hacer efectivos los derechos de los electores reconocidos en el artículo 25 del Pacto. Por consiguiente, dadas las circunstancias, el Comité considera que los hechos que tiene ante sí no ponen de manifiesto una vulneración del artículo 19, párrafo 2, del Pacto.

---

[7]   Comunicación N° 1128/2002, *Marques de Morais c. Angola*, dictamen aprobado el 29 de marzo de 2005, párr. 6.8.

8.   El Comité de Derechos Humanos, actuando en virtud del artículo 5, párrafo 4, del Protocolo Facultativo del Pacto Internacional de Derechos Civiles y Políticos, dictamina que de los hechos que tiene ante sí no se desprende que haya habido una vulneración de disposición alguna del Pacto.

[Aprobado en español, francés e inglés, siendo la versión original el texto español. Posteriormente se publicará también en árabe, chino y ruso como parte del informe anual del Comité a la Asamblea General.]

174

Apéndices

I. Voto particular (concurrente) formulado por el Sr. Gerald L. Neuman, miembro del Comité

Estoy plenamente de acuerdo con el dictamen del Comité sobre esta comunicación. Agrego por separado algunas observaciones acerca de cómo, en mi opinión, el análisis del Comité contribuye a esclarecer el derecho de acceso a la información en poder del Gobierno.

El paradigma central del derecho a la libertad de expresión en virtud del artículo 19, párrafo 2 del Pacto es el derecho de comunicación entre un hablante y un oyente que actúan de manera voluntaria. El Comité interpreta además el artículo 19, párrafo 2, también a la luz del artículo 25, en el sentido de que abarca un derecho accesorio de acceso a la información en poder de organis-mos públicos que preferirían no revelarla (véase CCPR/C/GC/34, párr. 18). Este derecho no se deriva de la mera aplicación de las palabras "derecho... [a] recibir... informaciones" del artículo 19, párrafo 2, que expresa el derecho más estrictamente protegido a recibir comunicaciones voluntarias[a].

El presente dictamen del Comité menciona, entre otros factores, la complejidad de organizar el acceso a la voluminosa información solicitada por el autor y los problemas de integridad que plantea la solicitud del autor de recibir originales en vez de copias. Tales factores son a menudo pertinentes para determinar el carácter razonable y proporcional de las restricciones del acceso a la información.

En las circunstancias del presente caso, otro factor impor-tante concierne a la integridad del proceso electoral y la confusión que se suscitaría si todo ciudadano tuviera derecho a efectuar un recuento privado. Junto con otros factores, pesan más que el derecho de acceso del autor. Sin embargo, el Comité no afirma desde luego que el artículo 19 permita a un Estado parte censurar las críticas sobre la manera de llevar a cabo una elección, basadas en informaciones que ya han sido difundidas.

---

[a] Véase la comunicación N° 1470/2006, Toktakunov c. Kirguistán, dictamen aprobado el 28 de marzo de 2011 (voto particular concurrente formulado por el Sr. Gerald L. Neuman, miembro del Comité).

[Hecho en español, francés e inglés, siendo la versión original el texto inglés. Posteriormente se publicará también en árabe, chino y ruso como parte del informe anual del Comité a la Asamblea General.]

II. Voto particular (concurrente) formulado por el Sr. Yuval Shany, miembro del Comité

1.   Estoy de acuerdo con el Comité en que, en las circunstancias del caso, la denegación por el Estado parte de la solicitud del autor para obtener acceso a todas las papeletas de votación de las elecciones celebradas no violaba el Pacto debido al carácter excepcionalmente amplio de la solicitud, por una parte, y la genuina preocupación por que el hecho de atenderla pudiera imponer al Estado una carga excesivamente pesada y complicar su aptitud para atribuir carácter definitivo a los resultados electorales.

2.   No obstante, me preocupan los términos empleados en el párrafo 7.7 del dictamen del Comité que parecen atribuir importancia a "la existencia de un mecanismo legal para verificar el recuento de los votos, que se utilizó en las elecciones en cuestión", cuando llega a la conclusión de que no se ha producido ninguna violación del Pacto. Esto puede dar a entender, equivocadamente en mi opinión, que la libertad de buscar y recibir información disponible públicamente depende generalmente de la capacidad de la persona para probar la utilidad social de este ejercicio de la libertad, o que esa libertad no se aplica a la información sobre elecciones en poder de las autoridades públicas si se puede recurrir a otros mecanismos de vigilancia de los comicios.

3.   El artículo 19, párrafo 2, del Pacto protege la "libertad de buscar, recibir y difundir informaciones e ideas de toda índole". Según la Observación general N° 34 del Comité, sobre la libertad de opinión y libertad de expresión (art. 19 del Pacto) esta información comprende los "registros de que disponga el organismo público, independientemente de la forma en que esté almacenada la información" (CCPR/C/GC/34, párr. 18). No hay ningún motivo para poner en duda que las papeletas electorales están comprendidas en general en el artículo 19, párrafo 2. Las papeletas de votación constituyen una forma particular de registro en poder de un organismo público, que contiene información importante sobre las preferencias de voto del electorado. Junto con el escrutinio de los votos y los resultados comunicados por los centros de votación, el acceso a la información basada en las papeletas de votación hubiera permitido al autor evaluar la gestión de los órganos electorales federales de México (cuyo funcionamiento sirve de fundamento a la puesta en práctica del artículo 25 del Pacto).

4. Por consiguiente, la solicitud del autor para obtener las papeletas electorales constituye un ejercicio de su libertad de buscar y recibir informaciones en virtud del artículo 19, párrafo 2, del Pacto y, como otras formas de ejercicio de la libertad de expresión, no necesita ser justificada o motivada de manera suficiente para ser ejercida (sin perjuicio de toda posible restricción en virtud del artículo 19, párrafo 3). Por otra parte, parece que en las circunstancias del caso la información buscada por el autor podría haberle proporcionado información socialmente útil acerca de la gestión de las autoridades electorales federales y de las diversas garantías de imparcialidad que ofrecían. Así pues, la libertad de buscar y transmitir información acerca de los resultados electorales está protegida de una manera general en virtud del artículo 19 del Pacto; además, dada la importancia de fomentar un debate público llevado a cabo con conocimiento de causa acerca de los mecanismos por los cuales se rigen la gestión y vigilancia de los procesos electorales, la libertad de acceso del autor a las papeletas de votación debería haber obtenido un alto grado de protección por el Estado parte.

5. Aun así, como otros derechos enunciados en el Pacto, la libertad de buscar y recibir informaciones de conformidad con el artículo 19, párrafo 2, no es absoluta, aun cuando trate de promover importantes intereses públicos. De hecho, de conformidad con el artículo 19, párrafo 3, puede estar sujeto a ciertas restricciones fijadas por la ley y que sean necesarias para velar por: a) el respeto a los derechos o a la reputación de los demás; b) la protección de la seguridad nacional, el orden público o la salud o la moral públicas. Tales restricciones pueden comprender la imposición de derechos que no lleguen a constituir un obstáculo no razonable al acceso a la información (véase CCPR/C/GC/34, en especial párr. 19) y deben ajustarse siempre a los criterios de necesidad y proporcionalidad[a].

6. En las circunstancias del caso, estoy de acuerdo con el resto del Comité en que el carácter generalizado de la petición del autor de examinar todas las papeletas de votación hace que sea excepcionalmente difícil para el Estado parte atender tal petición de manera que sea logísticamente viable y proteja la confidencia-lidad de los comicios. Los graves problemas prácticos relacio-nados con la necesidad de proporcionar acceso a las papeletas electorales de manera que no se ponga en peligro la integridad del proceso (por ejem-

---

[a] Véase la comunicación N° 633/95, *Gauthier c. el Canadá*, parr. 13.6.

plo, bajo la supervisión del Estado) y el interés legítimo del Estado parte de atribuir carácter definitivo a los resultados electorales en un plazo relativamente corto después de las elecciones, hacen que la restricción de la libertad del autor de obtener acceso a todas las papeletas de votación sea razonable y proporcionada y, por lo tanto, compatible con la excepción de orden público especificada en el artículo 19, párrafo 3. En consecuencia, me adhiero a la opinión de que no se ha producido ninguna violación del artículo 19 en las circunstancias del presente caso.

[Hecho en español, francés e inglés, siendo la versión original el texto inglés. Posteriormente se publicará también en árabe, chino y ruso como parte del informe anual del Comité a la Asamblea General.]

ÍNDICE

181

www.ingramcontent.com/pod-product-compliance
Lightning Source LLC
Chambersburg PA
CBHW020705270326
41928CB00005B/277